AF500653

CARNET

de RÉSUMÉS de leçons se rapportant à l'Education sociale avec Maximes et Plans

par un groupe d'Instituteurs

de la Circonscription de Commery

COMMERCY
IMP. H. CABASSE
1904

TABLE DES MATIERES

I. — Morale.

II. — Instruction Civique.

III. — Civilité.

IV. — Antialcoolisme.

MORALE

1. — DIVISION DES RÉSUMÉS DE MORALE

« *Fais ce que tu fais.* »

« *Il ne suffit pas de connaître la morale, il faut surtout la pratiquer.* »

PLAN

I. — **Principes généraux de la morale.**
II. — **Devoirs dans la famille.**
III. — **Devoirs à l'école.**
IV. — **Devoirs envers la patrie.**
V. — **Devoirs envers le corps.**
VI. — **Devoirs relatifs aux biens extérieurs.**
VII. — **Devoirs envers l'âme.**
VIII. — **Devoirs de justice.**
IX. — **Devoirs de charité.**
X. — **Devoirs spéciaux.**

I. — Principes généraux de la morale.

2. — OBJET DE LA MORALE

« *Fais ce que dois, advienne que pourra.* »

« *L'intérêt donne des conseils, la morale donne des ordres.* »

PLAN

1. — Définition.
2. — But.
3. — Importance.

RÉSUMÉ. — La morale est l'étude de ce qui est bien et de ce qui est mal. Elle nous éclaire sur tous nos devoirs et nous apprend à devenir des hommes de bien. C'est la plus importante de toutes les études, car ce n'est pas assez de s'instruire, il faut surtout devenir meilleur.

LECTURES. — Le danseur de corde et le balancier (FLORIAN). — Socrate et Xénophon (BURDEAU, *Devoir et Patrie*).

3. — LA CONSCIENCE

« *Une bonne conscience est un bon oreiller.* »

« *Une conscience pure et droite fait la paix et la tranquillité du cœur.* »

PLAN

1. — Définition.
2. — Ses sanctions.
3. — Nécessité de l'éclairer et de la développer
4. — Résolution.

Résumé. — **La conscience est une voix intérieure qui me fait distinguer le bien du mal, un conseiller qui me guide, un juge qui me condamne quand j'ai fait une faute ou m'approuve quand j'ai bien agi. Elle a besoin d'être éclairée et cultivée par l'éducation. J'écouterai toujours la voix de ma conscience.**

Lectures. — **La Conscience (Stop,** ***Bêtes et gens*****). — La Conscience (V. Hugo,** ***La légende des siècles*****).**

4. — LA LIBERTÉ ET LA RESPONSABILITÉ

« *Pour obéir à la loi de la conscience, il faut être libre.* »

« *Le tigre déchire sa proie et dort, l'homme tue et veille.* »

PLAN

1. — La liberté physique et la liberté morale.
2. — Indépendance complète de la liberté morale.
3. — La responsabilité: le mérite et le démérite.
4. — Cas d'irresponsabilité.

RÉSUMÉ. — Nous avons la liberté de faire le bien ou le mal, c'est pourquoi nous sommes responsables de nos actions. Personne ne peut contraindre notre liberté morale, grandeur sublime de l'homme. Je combattrai mes passions et mes mauvaises habitudes pour être toujours maître de moi-même.

LECTURES. — La responsabilité (JULES STEEG, *L'Honnête Homme*) La liberté morale (VESSIOT, *De l'Education à l'école*).

5. — LA LOI MORALE ET LE DEVOIR

« *Il faut faire le bien, parce que c'est le bien.* »

« *Fais ce qui est bien: voilà le devoir.* »

PLAN

1. — La loi en général.
2. — La loi morale; ses caractères.
3. — Le devoir.
4. — Comment il faut faire son devoir.

Résumé. — La loi est une règle qui commande à tous. La loi morale, révélée par la conscience, nous commande de faire le bien. Elle est impérative, universelle et immuable. Le devoir est l'obligation d'obéir à la loi morale. Je ferai toujours mon devoir, non par intérêt et par plaisir, mais par raison, parce que c'est le bien.

Lectures — Le lieutenant Louhaut (Stendhal, *Mémoires d'un touriste*). — Le devoir et l'intérêt (E. Legouvé, *Les pères et les enfants au XIX siècle*).

---

6. — LA VERTU

« *La vertu est l'habitude de vivre selon la raison* (Bossuet). »
« *L'habitude devient une seconde nature.* »

PLAN

1. — Définition.
2. — Comment on arrive à la vertu.
3. — Examen de conscience.
4. — Effets des bonnes habitudes.

Résumé. — La vertu est l'habitude de faire le bien. Elle exige beaucoup d'efforts et de sacrifices. Je ferai chaque soir mon examen de conscience et je prendrai l'habitude d'accomplir mon devoir en toute circonstance.

Lectures. — Importance des habitudes, de Ségur (Boyer, *Livre de morale*). — Il faut prendre de bonnes habitudes dès la jeunesse (Cazes, *cours moyen n° 48*).

7. — LES SANCTIONS DE LA MORALE

« *Chacun est jugé selon ses œuvres.* »

« *Bonne renommée vaut mieux que ceinture dorée.* »

PLAN

1. — Les sanctions.
2. — Diverses sortes de sanctions.
3. — La meilleure des sanctions.
4. — Degrés dans les sanctions de la loi morale.

Résumé. — La meilleure récompense pour l'homme de bien réside dans les sentiments du devoir accompli et dans l'estime des autres. La violation du devoir est punie par le remords et par le mépris public. Je rechercherai toujours l'approbation de ma conscience.

Lectures. — Le Léopard et l'Ecureuil (Florian). — Le Parricide (Florian). — La Confession de Louis XI (C. Delavigne)

II. — Devoirs dans la famille.

8. — LA FAMILLE

« *Que l'intérêt ne divise jamais ceux que le sang a unis.* »

« *Une famille unie est une famille heureuse.* »

PLAN

1. — Définition.
2. — Nécessité de la famille ; les orphelins.
3. — Devoirs réciproques des membres de la famille.
4. — La famille autrefois et aujourd'hui.

RÉSUMÉ. — La famille est la réunion du père, de la mère et des enfants. Sans elle, l'enfant ne pourrait vivre. La plus vive affection unit les membres de la famille qui sont solidaires les uns des autres. Autrefois la famille reposait sur l'inégalité et l'arbitraire ; aujourd'hui elle est fondée d'après des idées de justice et d'égalité.

LECTURES. — Le Vieillard et ses enfants (LA FONTAINE). — La Chanson des orphelins (V. HUGO).

---

9. — L'AMOUR FILIAL

« *Rien ne peut remplacer l'amour d'un père et d'une mère.* »

« *Ma mère, sois bénie entre toutes les femmes*). (COPPÉE)

PLAN

1. — Ce que l'on doit à ses parents.
2. — L'amour filial est un sentiment naturel.
3. — Ses manifestations.
4. — Dévouement filial.

RÉSUMÉ. — Je dois tout ce que je suis à mes parents qui se sacrifient tous les jours pour moi. Je m'efforcerai de toujours les satisfaire et je les aimerai jusqu'au dévouement si les circonstances l'exigent.

LECTURES. — Sentiment de piété filiale (PASTEUR). — Amour filial (BOUCHOR). — La mère et l'enfant (V. HUGO, *Les Feuilles d'automne*).

10. — LE RESPECT FILIAL

« *Honorer ses parents, c'est s'honorer soi-même.* »
« *Tout ce que je suis, je le dois à ma mère* (Lincoln).

PLAN

1. — Ce qu'on entend par respect.
2. — Raisons du respect dû aux parents.
3. — Ses manifestations.
4. — Le respect filial est un devoir de toute la vie.

Résumé. — Le respect est l'aveu de notre infériorité. Je respecterai toujours mon père et ma mère parce qu'ils sont mes supérieurs en tout. J'écouterai leurs sages conseils et je leur parlerai poliment. Si je m'élève à une position sociale meilleure que la leur, je ne rougirai jamais de mon origine.

Lectures. — La guenon, le singe et la noix (Florian). — Un jugement de Salomon (Saint-Marc Girardin).

11. — L'OBÉISSANCE FILIALE

« *L'obéissance est la sauvegarde de l'enfance.* »

« *Obéis si tu veux qu'on t'obéisse un jour.* »

PLAN

1. — En quoi consiste l'obéissance.
2. — Elle est nécessaire dans toute condition.
3. — Pourquoi faut-il obéir à ses parents.
4. — Comment faut-il obéir.

RÉSUMÉ. — L'obéissance consiste à se soumettre à la volonté de quelqu'un. J'obéirai à mes parents parce que je veux leur faire plaisir, parce qu'ils ont plus d'expérience que moi et qu'ils ne me commandent que ce qui est juste et nécessaire. Je leur obéirai de bonne grâce et avec empressement.

LECTURES. — L'hirondelle et les petits oiseaux (LA FONTAINE). — La carpe et les carpillons (FLORIAN).

12. — LA RECONNAISSANCE FILIALE

« *Celui qui délaisse ses parents quand ils sont dans le besoin commet un véritable crime.* »

« *Tel père, tel fils.* »

PLAN

1. — En quoi consiste la reconnaissance.
2. — Pourquoi faut-il être reconnaissant à l'égard des parents.
3. — Manières de témoigner sa reconnaissance.
4. — Laideur de l'ingratitude.

RÉSUMÉ. — Je dois à mes parents une reconnaissance sans bornes pour tous les bienfaits dont ils me comblent. Je me dévouerai sans cesse pour eux, je les aiderai dans leurs travaux, je les soignerai dans leurs maladies, je les secourrai dans leur vieillesse et je les vénérerai après leur mort.

LECTURES. — Tel père, tel fils, ST-MARC GIRARDIN (BOYER, *Livre de morale*). — La fille de l'aveugle, VESSIOT (BOYER, *Livre de morale*).

13. — LES GRANDS-PARENTS

« *Respectons et chérissons nos grands parents.* »

« *Heureuse la maison où il y a des vieillards.* »

PLAN

1. — Ce que nous devons à nos grands parents.
2. — Nos devoirs envers eux.
3. — Comment faut-il nous en acquitter.
4. — Égards dus à tous les vieillards.

Résumé. — **J'aimerai mes grands-parents et j'aurai pour eux une grande vénération. Je serai poli avec les vieillards qui sont l'image de mes vieux parents. Je les écouterai avec respect et je ne me moquerai jamais de leurs infirmités.**

Lectures. — Le vieillard et les trois jeunes hommes (La Fontaine) — Jeanne au pain sec (V. Hugo). — Le coin du grand-père (Tournier).

14. — LES FRÈRES ET SŒURS

« *Un frère est un ami donné par la nature.* »

« *Frères et sœurs, soyez unis comme les doigts de la main.* »

PLAN

1. — Devoirs réciproques des freres et sœurs.
2. — Devoirs des aînés et des plus jeunes.
3. — L'esprit de famille.
4. — Le droit d'aînesse d'autrefois.

Résumé. — J'aimerai mes frères et sœurs comme mes parents. Je les secourrai dans le besoin, je supporterai leurs défauts et j'éviterai surtout d'être jaloux. Je donnerai le bon exemple aux plus jeunes, je serai plein de déférence pour mes aînés et de tendresse pour mes sœurs. Je resterai toujours en bonne intelligence avec tous mes parents pour entretenir l'esprit de famille et assurer le respect de mon nom.

Lectures. — Dans la rue (Coppée). — Une querelle entre frères (Tolstoï, *Nouveau livre de morale pratique, 14)*

15. — LES MAITRES ET LES SERVITEURS

« *Les bons maîtres font les bons serviteurs.* » « *Tel maître, tel valet.* »

« *Soyez le père de vos serviteurs, ils seront vos enfants.* »

PLAN

1. — Caractère et rôle des serviteurs.
2. — Devoirs des serviteurs.
3. — Devoirs des maîtres.
4. — Devoirs des enfants à l'égards des serviteurs.

Résumé. — Si je suis domestique plus tard, je servirai mes maîtres avec zèle, probité et dévouement, je les aimerai pour qu'ils m'aiment. Si j'ai des domestiques un jour, je les traiterai avec justice, politesse et bonté et je les considérerai comme faisant partie de la famille

Lectures. — La brosse (Xavier de Maistre, *Voyage autour de ma chambre*). — A une bonne servante (Maxime du Camp, *les Chants modernes*).

III. — Devoirs à l'école

16. — L'ÉCOLE

« *Le premier peuple est celui qui a les meilleures écoles.* »

« *L'ignorance est le pire des esclavages.* »

PLAN

1. — L'école : image de la famille et de la société.
2. — Son but : l'instruction et l'éducation.
3. — Honte et dangers de l'ignorance.
4. — L'école autrefois et aujourd'hui.

RÉSUMÉ. — L'école est l'image de la famille et de la société. Nous y recevons l'instruction qui nous éclaire et l'éducation qui nous rend meilleurs. L'ignorant est crédule, supertitieux, routinier et incapable de bien voter. Je serai reconnaissant envers la République qui a mis partout de belles écoles et de bons maîtres.

LECTURES. — L'avantage de la science (LA FONTAINE). — Le rat et l'huître (LA FONTAINE). — Le Linot (FLORIAN).

17. — DEVOIRS DE L'ÉCOLIER

« *Tant vaut l'écolier, tant vaut l'homme.* »

« *Qui n'avance pas recule.* »

PLAN

1. — Fréquentation et exactitude.
2. — Application au travail.
3. — Soumission à la discipline.
4. — Après l'école.

RÉSUMÉ. — Je fréquenterai assidûment l'école et je ferai des efforts pour vaincre ma paresse. Je serai attentif aux leçons du maître et je me soumettrai de bon cœur à la discipline. Après ma sortie de l'école, je lirai les livres de la bibliothèque et je fréquenterai régulièrement le cours d'adultes.

LECTURES. — La dernière classe (DAUDET). — La jeunesse du général Drouot, LACORDAIRE (BOYER, *Livre de morale*).

18. — DEVOIRS ENVERS L'INSTITUTEUR

« *Celui qui instruit est un second père* »

« *L'école est une grande famille dont l'instituteur est le père.* »

PLAN

1. — Rôle du maître.
2. — Bienfaits qui lui sont dus.
3. — Devoirs envers le maître.
4. — Rapports des anciens élèves et de leurs maîtres.

Résumé. — Je respecterai mon maître et je lui obéirai parce qu'il remplace mes parents et qu'il est mon supérieur. Je l'aimerai comme j'aime mon père, je prendrai sa défense quand il sera calomnié et je lui serai toujours reconnaissant de ce qu'il fait pour mon instruction et mon éducation

Lectures. — L'instituteur (V. Hugo). — Le grand Carnot et son vieux maître (Lebaigne).

19 — DEVOIRS ENVERS LES CAMARADES

« *Tout camarade est un ami en espérance.* »

« *Dis-moi qui tu hantes, je te dirai qui tu es.* »

PLAN

1. — L'école prépare à la vie sociale.
2. — Devoirs réciproques des élèves.
3. — Défauts à éviter.
4. — Choix des camarades.

RÉSUMÉ. — Tous les élèves de mon école sont mes camarades. Je les considérerai comme des frères ; je leur rendrai service et je leur donnerai le bon exemple. J'imiterai les meilleurs, mais je me garderai de la jalousie et de la délation.

LECTURES. — Un écolier modèle (MARMONTEL). — Un souffre-douleurs (MICHELET, *Ma jeunesse*).

IV. — Devoirs envers la patrie.

20. — LA PATRIE

« *C'est la cendre des morts qui créa la patrie.* »

« *On ne peut pas vivre sans pain, on ne peut pas vivre sans patrie* (V. Hugo). »

PLAN

1. — De quoi se compose la patrie.
2. — La patrie est une grande famille
3. — La France est une patrie belle, riche, glorieuse et généreuse
4. — La France malheureuse, mais jamais vaincue.

Résumé. La France est la terre de nos pères, le pays où nous sommes nés. C'est la grande famille de tous les citoyens qui ont la même histoire, les mêmes mœurs, les mêmes lois. La France est une belle patrie, riche et généreuse qui s'est toujours relevée de ses malheurs.

Lectures. — L'âme de la France (Michelet). — La patrie (Ed. Siebecker *Poésies d'un vaincu*).

21. — LE PATRIOTISME

« On doit à sa patrie le sacrifice de sa vie. »

« Il n'y a pas de gloire comparable à celle du citoyen qui meurt pour son pays. »

PLAN

1. — Bienfaits de la patrie.
2. — Devoirs envers elle.
3. — Manifestation du patriotisme.
4. — Pas de chauvinisme ni de cosmopolitisme.

RÉSUMÉ. — La patrie, notre mère commune, nous assure tous les biens dont nous jouissons. Nous devons l'aimer, l'honorer et la défendre au péril de notre vie. Pour cela, soyons de bons fils et de bons écoliers pour devenir plus tard de bons citoyens et de bons soldats. Gardons-nous à la fois du chauvinisme et du cosmopolitisme.

LECTURES. — Morts pour la patrie (V. HUGO, *Les chants du crépuscule*) — Héroïsme de trois instituteurs (SARRAZIN, *Nouveau livre de morale pratique*).

22. — LE DRAPEAU TRICOLORE

« *Le drapeau, c'est la patrie, son orgueil, sa gloire, son salut et ses souvenirs* (Maréchal Bosquet) ».

« *Là où est le drapeau, là est la patrie* (Gambetta). »

PLAN

1. — Le drapeau tricolore.
2. — Signification des trois couleurs.
3. — Devoirs envers le drapeau.
4. — Notre hymne national.

Résumé. — Le drapeau tricolore est l'emblème de la patrie et le symbole du devoir. Je le saluerai avec respect et je serai toujours prêt à le défendre jusqu'à la mort. Je chanterai la Marseillaise avec un recueillement mêlé de reconnaissance et de respect.

Lectures. — Le drapeau (Alph. Daudet, *Contes du lundi*). — Le drapeau enterré (Jules Claretie).

V. — Devoirs envers le corps.

23. — L'AME ET LE CORPS

« *Une âme saine dans un corps sain.* »

« *La vie et la santé sont des biens qu'il faut conserver.* »

PLAN

1. — L'homme : son corps et son âme.
2. — Distinction entre le corps et l'âme.
3. — Solidarité entre le corps et l'âme.
4. — Supériorité de l'âme sur le corps.

Résumé. — L'homme est formé d'un corps matériel qui agit sans le savoir et d'une âme invisible qui sent, pense et veut. Ces deux parties sont unies par une étroite solidarité. L'âme constitue la personne humaine, tandis que le corps n'est que son serviteur.

Lectures. — L'âme et le corps (G. Compayré, *Eléments d'instruction morale et civique*). — Les portes et les fenêtres de notre maison (G. Compayré, *id.*)

24. — LE RESPECT DE SOI-MÊME

« *Tu es homme, conduis-toi en homme.* »

« *Respecte en toi et dans les autres la dignité humaine.* »

PLAN

1. — Supériorité de l'homme.
2. — La dignité humaine.
3. — Respect qui lui est dû.
4. — Déchéance de celui qui ne se respecte pas.

RÉSUMÉ. — L'homme est un être raisonable, libre et responsable. Sa supériorité sur tous les êtres s'appelle la dignité humaine qu'il doit respecter et faire respecter des autres. Je chercherai sans cesse à devenir meilleur et j'éviterai tout ce qui est bas et dégradant pour rester toujours digne de mon titre d'homme.

LECTURES. — L'homme, la vigne et le marais (LAMENNAIS, *Paroles d'un croyant*). — Les marques, H. BERTHOUD (LEBAIGUE, *pour nos fils, cours supérieur*).

25. — LA PROPRETÉ

« *La propreté est le luxe des pauvres.* »

« *La propreté est à l'homme ce que le parfum est à la fleur.* »

PLAN

1. — **Devoirs envers le corps.**
2. — **Avantages de la propreté.**
3. — **En quoi elle consiste.**
4. — **Inconvénients de la malpropreté.**

Résumé. — Le premier devoir envers le corps, c'est de l'entretenir en bonne santé en suivant les règles de l'hygiène. Je serai propre sur moi et autour de moi, non seulement pour me bien porter, mais par respect pour ma personne et pour celle des autres. J'éviterai la malpropreté qui inspire du dégoût et peut causer de graves maladies.

Lectures. — Un bon charlatan (P. Laloi, *la Première année d'instruction morale et civique*). — La propreté, Stahl (Boyer, *Livre de morale*).

26. — LA SOBRIÉTÉ

« *Il faut manger pour vivre et non vivre pour manger.* »

« *La tempérance, c'est le bonheur à bon marché.* »

PLAN

1. — La tempérance en général.
2. — La sobriété.
3. — Avantages de la sobriété.
4. — L'intempérance: la gourmandise et l'ivrognerie.

Résumé. — La sobriété est la modération dans le boire et le manger. Les excès de table ruinent la santé, engourdissent l'esprit et disposent le cœur à l'égoïsme. J'éviterai la gourmandise et l'ivrognerie qui sont des vices honteux et dégradants.

Lectures. — La mort choisissant son premier ministre (Florian). — Critique de l'intempérance, Xénophon (Boyer, *Livre de morale*).

---

27. — LA GYMNASTIQUE

« *Quand le corps est faible, il commande ; quand il est fort, il obéit* (J.-J. Rousseau). »

« *L'exercice est une des meilleures provisions de santé* (Bacon). »

PLAN

1. — Utilité des exercices physiques.
2. — Principaux exercices physiques.
3. — Avantages de la gymnastique.
4. — Sociétés de gymnastique.

Résumé — Les exercices physiques modérés entretiennent la santé, développent le corps et le fortifient. En outre, la gymnastique donne de l'adresse et de la grâce, habitue à la discipline et fait naître peu à peu le courage et le sang-froid.

Lectures. — Les fêtes de gymnastique, F. Buisson (Boyer, *Livre de morale*). — Nécessité des exercices physiques, G. Duruy (*id.*)

VI. — Devoirs relatifs aux biens extérieurs.

28. — LES BIENS EXTÉRIEURS

« *Qui vit content de peu connaît l'indépendance.* »

« *Contentement passe richesse.* »

PLAN

1. — Ce qu'on entend par biens extérieurs.
2. — Nécessité des biens extérieurs.
3. — Leur acquisition, leur conservation.
4. — Usages des biens extérieurs.

RÉSUMÉ. — Les biens extérieurs sont les choses dont nous avons besoin pour vivre. Ils contribuent à notre bien-être général et nous procurent l'indépendance personnelle. Ils s'acquièrent par le travail et se conservent par l'économie. La modération dans les désirs est une condition de bonheur.

LECTURES. — Le savetier et le financier (LA FONTAINE). — Le roi et la paysanne, C. DELAVIGNE, (LEBAIGUE, *pour nos fils*).

29. — LE TRAVAIL

« *L'homme qui travaille paye sa vie, le paresseux la vole.* »

« *L'homme oisif est comme l'eau qui dort : il se corrompt.* »

PLAN

1. — Le travail est une nécessité.
2. — Le travail est un devoir.
3. — Tout travail est honorable et utile.
4. — L'oisiveté est la mère de tous les vices.

Résumé. — Le travail est à la fois une nécessité et un devoir. Il nous préserve de l'ennui, du vice et du besoin. Tout travail est honorable et utile. Le paresseux perd sa dignité et devient une charge pour la société. Je m'efforcerai de prendre l'habitude du travail en classe et à la maison.

Lectures. — Le laboureur et ses enfants (La Fontaine). — Un témoignage irrécusable (Rollin, *Nouveau livre de morale pratique p. 173*).

30. — L'ORDRE

« *Une place pour chaque chose et chaque chose à sa place.* »

« *La négligence donne plus de mal que l'ordre et l'activité.* »

PLAN

1. — En quoi il consiste.
2. — Ses avantages.
3. — Nécessité de l'ordre pour l'écolier.
4. — Inconvénients du désordre.

RÉSUMÉ. — L'ordre ménage le temps, soulage la mémoire et conserve les choses. Je mettrai chaque chose à sa place et je ferai chaque chose en son temps. Le désordre est une source d'ennuis et de misères de toutes sortes.

LECTURES. — Les dangers d'une porte ouverte, J.-B. SAY (BOYER, *Livre de morale*). — L'œil du maître (LA FONTAINE).

31. — LA PRÉVOYANCE ET L'ÉPARGNE

« *Il faut garder une poire pour sa soif.* »

« *Les petits ruisseaux font les grandes rivières.* »

PLAN

1. — En quoi consiste la prévoyance.
2. — Nécessité de l'épargne.
3. — Comment on épargne.
4. — Placement des économies.

Résumé. — L'épargne assure notre bien-être et notre indépendance. Elle nous crée des ressources pour la maladie, le chômage et la vieillesse. Je serai prévoyant et économe. Je placerai mes économies à la caisse d'épargne, à la caisse des retraites et je ferai partie d'une société de secours mutuels.

Lectures. — La cigale et la fourmi (La Fontaine). — Le sifflet, Franklin, (Boyer, *Livre de morale*).

32. — L'AVARICE ET LA PRODIGALITÉ

« *A père avare, enfant prodigue.* »

« *L'argent est un bon serviteur et un mauvais maître.* »

PLAN

1. — **Défauts contraires à l'économie.**
2. — **L'avarice.**
3. — **La prodigalité.**
4. — **Résolutions.**

Résumé. — Il faut être économe, mais on doit éviter à la fois l'avarice et la prodigalité. L'avare est un sot et un égoïste. Le prodigue s'expose à la misère et au mépris public. Je me garderai de l'avarice qui me rendrait esclave de l'argent et de la prodigalité qui me conduirait à la ruine et au déshonneur.

Lectures. — **La poule aux œufs d'or. (La Fontaine). — L'avare, Molière (Boyer,** ***Livre de morale*****).**

33. — LES DETTES ET LE JEU

« *Qui paye ses dettes s'enrichit.* »

« *Le jeu nous dérobe l'argent, le temps et la conscience.* »

PLAN

1. — Inconvénients des dettes.
2. — Moyen de les éviter.
3. — Utilité des jeux inoffensifs.
4. — Dangers des jeux intéressés.

Résumé. — Les dettes font perdre l'indépecdance et la dignité. Je n'achèterai point à crédit et je ne me laisserai pas tenter par le bon marché. J'éviterai les jeux d'argent qui rendent esclave du hasard, violent la loi du travail et conduisent à la ruine, au vol et au crime.

Lectures. — Dangers des dettes, Franklin, (Boyer, *Livre de morale*) Le joueur, Régnard, (*id.*)

VII. — Devoirs envers l'âme.

34. — L'AME

« *L'homme est une âme qui se sert d'un corps.* »

« *L'âme est supérieure au corps comme l'ouvrier à l'outil.* »

PLAN

1. — Définition.
2. — Facultés de l'âme.
3. — Leur rôle.
4. — Nécessité de les diriger par l'éducation.

Résumé. — L'âme a ses facultés comme le corps a ses organes. Les facultés de l'âme sont les pouvoirs par lesquels elle manifeste son existence. Ce sont : l'intelligence, faculté de comprendre ; la sensibilité, faculté d'éprouver du plaisir ou de la douleur ; la volonté, faculté de se décider librement. Elles ont besoin d'être développées par l'éducation.

Lectures. — L'âme (Ch. Dupuy, *Livret de morale*).

35. — L'ORGUEIL ET LA MODESTIE

« *Si vous vous voulez qu'on dise du bien de vous, n'en dites point.* »

« *L'habit ne fait pas le moine.* »

PLAN

1. — Nécessité de se connaître soi-même.
2. — Dangers de l'orgueil.
3. — Formes de l'orgueil.
4. — La modestie.

RÉSUMÉ. — La connaissance de soi-même est le commencement de la sagesse. Cette connaissance nous rend modestes et nous préserve de l'orgueil. Je ne chercherai jamais à me faire valoir et j'éviterai la vanité et la coquetterie qui me rendraient ridicule.

LECTURES. — Le corbeau et le renard (LA FONTAINE). — La grenouille et le bœuf (*id.*) — Le chêne et le roseau (*id*). — Le lion et le moucheron (*id.*) — Le héron (*id*). — Scènes choisies du Bourgeois gentilhomme (MOLIÈRE)

36. — LA SINCÉRITÉ ET LE MENSONGE

« *Faute avouée est à moitié pardonnée.* »
« *Voiler une faute par un mensonge, c'est remplacer une tache par un trou.* »

PLAN

1. — **Respect de la vérité.**
2. — **Le mensonge.**
3. — **Mobiles du mensonge.**
4. — **Sortes de mensonges.**

Résumé. — Il faut toujours dire la vérité quelles qu'en soient les conséquences. Le mensonge est un vice odieux. On ment par intérêt, par vanité ou par lâcheté. Je serai franc en toute circonstance ; j'éviterai la flatterie et l'hypocrisie.

Lectures. — Arrias ou le bavard, La Bruyère (Boyer, *Livre de morale.*) — Franchise de Washington (Mlle Cl. Juranville, *Manuel d'éducation morale et civique.*)

---

37. — LA DOUCEUR ET LA COLÈRE

« *Plus fait douceur que violence.* »

« *Agir pendant la colère, c'est s'embarquer pendant la tempête.* »

PLAN

1. — **Avantages de la douceur.**
2. — **Eviter l'indifférence.**
3. — **Dangers de la colère.**
4. — **Il faut être patient.**

Résumé — La douceur est une vertu qui nous fait aimer. Je m'habituerai à être calme et patient. J'éviterai la colère qui rend l'homme fou et brutal en lui enlevant sa raison et sa liberté.

Lectures. — Phébus et Borée (La Fontaine). — La rixe, E. Manuel (Boyer, *Livre de morale*).

38. — LE COURAGE ET LA LACHETÉ

« *A cœur vaillant, rien d'impossible. — Vouloir, c'est pouvoir.* »
« *Ne pas se laisser troubler en face du danger, c'est l'avoir à moitié vaincu.* »

PLAN

1. — Le courage.
2. — Ses formes.
3. — La lâcheté.
4. — La témérité.

Résumé. — Le courage est la force d'âme qui nous aide à remplir tous nos devoirs. On distingue le courage moral, le courage civique et le courage militaire. Je serai courageux pour supporter toutes les épreuves de la vie. Je montrerai du sang-froid et je me garderai à la fois de la lâcheté et de la témérité.

Lectures. — Un héros de quinze ans, A. Rendu, fils (Boyer *Livre de morale.*) — Sang-froid de Charles XII, Voltaire, (*id.*)

---

39. — LA PERSÉVÉRANCE ET L'INITIATIVE

« *Goutte à goutte l'eau use la pierre.* »
« *Aide-toi, le ciel t'aidera.* »

PLAN

1. — **La persévérance.**
2. — **La prudence.**
3. — **L'initiative.**
4. — **La routine.**

Résumé. — La persévérance fait triompher de bien des difficultés. Je réfléchirai toujours avant d'agir et je poursuivrai sans défaillance le but que je veux atteindre. J'éviterai la routine et je chercherai toujours à me tirer d'affaire moi-même.

Lectures. — Le lièvre et la tortue (La Fontaine). — Le charretier embourbé (*id.*).

VIII. — Devoirs de justice.

40. — LA SOCIÉTÉ

« *L'homme n'est pas fait pour vivre seul.* »

« *C'est n'être bon à rien que n'être bon qu'à soi.* »

PLAN

1. — **Définition.**
2. — **Nécessité de la société.**
3. — **Avantages de la société.**
4. — **Devoirs sociaux.**

Résumé. — La société est indispensable à l'homme. Elle lui permet de subvenir à ses besoins matériels, intellectuels et moraux Nous avons à remplir des devoirs de justice qui nous ordonnent de ne pas faire de mal à autrui, et des devoirs de charité qui nous commandent de faire du bien à autrui.

Lectures. — Un songe (Sully-Prudhomme). — Les métiers (J. Aicard, *le Livre des petits*).

41. — RESPECT DE LA VIE D'AUTRUI

« *La vie de l'homme est sacrée.* »
« *Nul ne doit se faire justice soi-même.* »

PLAN

1. — Le premier devoir de justice.
2. — Comment on peut nuire à la vie des autres.
3. — Cas où l'homicide est permis.
4. — Le duel.

Résumé — Le premier devoir de justice est le respect de la vie humaine. L'homicide est un acte monstrueux que rien n'excuse. Il est permis de se défendre en cas de légitime défense et en cas de guerre. Le duel est immoral et ridicule.

Lectures. — Respect de la vie humaine, Diderot (Boyer, *Livre de morale.*) — Les vases du Japon, Blanchet, (Martin et Lemoine, *Lectures choisies.*)

42. — RESPECT DE LA LIBERTÉ D'AUTRUI

« *La liberté est aussi précieuse que la vie.* »

« *La liberté seule nous permet de remplir nos devoirs.* »

PLAN

1. — Importance de la liberté.
2. — L'esclavage et le servage.
3. — Liberté relative dans chaque condition ; les grèves.
4. — Cas où la liberté n'est pas respectée.

Résumé. — Je respecterai la liberté des autres comme je veux qu'ils respectent la mienne. L'esclavage et le servage ont été de grands crimes sociaux. Chacun est libre de suspendre son travail à la condition de respecter la liberté des autres. La société peut enlever la liberté à ceux qui sont un danger pour leurs semblables.

Lectures. — Le loup et le chien (La Fontaine). — La traite des nègres, Mirabeau (Boyer, *Livre de morale*).

48. RESPECT DE LA PROPRIÉTÉ

« *Pain mal acquis remplit la bouche de gravier.* »
« *Bien mal acquis ne profite jamais.* »

PLAN

1. — **Origine de la propriété.**
2. — **Légitimité de la propriété.**
3. — **Le vol et ses formes.**
4. — **Cas où la propriété n'est pas respectée**

Résumé. — La propriété est le droit de posséder des biens et d'en disposer à sa volonté. Elle est inviolable et sacrée Le vol, sous toutes ses formes, est une action honteuse flétrie par l'opinion publique et punie par les lois. J'agirai toujours avec probité et délicatesse.

Lectures. — Le chat, la belette et le petit lapin, (La Fontaine). Le champ d'orge, (Bernardin de St-Pierre.) — Le champ de la veuve, Florian, (Lebaigue, *Pour nos fils, cours supérieur.*)

11. — RESPECT DES OPINIONS ET DES CROYANCES

« Les injures sont les raisons de ceux qui ont tort. »
« Si tu veux faire partager ton opinion, ne l'impose pas. »

PLAN

1. — La tolérance.
2. — Pourquoi faut-il être tolérant.
3. — Causes de l'intolérance.
4. — Ce que permet la tolérance.

RÉSUMÉ. — La tolérance est le respect des opinions et des croyances d'autrui. Personne n'a le droit de violenter la conscience des autres. L'intolérance est une passion odieuse qui a causé bien des crimes. Je ne nuirai pas à ceux qui ne pensent pas comme moi et je n'accepterai aucune opinion sans avoir bien réfléchi.

LECTURES. — Les deux chèvres, (LA FONTAINE). — Les deux paysans et le nuage, (FLORIAN). — Le pauvre colporteur, (LAMARTINE).

45 — RESPECT DE LA PAROLE DONNÉE

« *La parole d'un honnête homme vaut un écrit.* »
« *Tout homme de courage est un homme de parole.* (CORNEILLE.) »

PLAN

1. — Obligation de tenir la parole donnée.
2. — Nécessité de réfléchir avant de faire une promesse.
3. — Différentes sortes d'engagements.
4. — L'exactitude et la ponctualité.

RÉSUMÉ. — Je réfléchirai toujours avant de faire une promesse et j'exécuterai scrupuleusement tous mes engagements. Je ferai honneur à ma parole comme à ma signature et je prendrai l'habitude de l'exactitude dans toutes mes relations.

LECTURES. — Régulus, CHATEAUBRIAND, (BOYER, *Livre de morale*). — Porcon de la Barbinais (G. DURUY, *Nouveau livre de morale pratique.*)

46. — RESPECT DE L'HONNEUR ET DE LA RÉPUTATION

« *Un coup de langue est parfois pire qu'un coup de lance.* »

L'honneur est comme une île escarpée et sans bords
On n'y peut plus rentrer lorsqu'on en est dehors. (Boileau) »

PLAN

1. — **Ce qu'on entend par l'honneur et la réputation.**
2. — **La médisance.**
3. — **La calomnie.**
4. — **La dénonciation.**

Résumé. — La bonne réputation est la plus noble et la plus précieuse des propriétés. Je respecterai l'honneur des autres et je ne nuirai pas à leur réputation par la médisance ni par la calomnie. Je m'occuperai le moins possible de leur conduite et je défendrai les absents.

Lectures. — L'aigle, la laie et la chatte, (La Fontaine). — Les suites de la calomnie, Jules Steig (Boyer, *Le livre de morale*.)

IX. — Devoirs de charité.

47. — LA CHARITÉ

« *Faites aux autres ce que vous voudriez que l'on vous fît.* »
« *Il faut, autant qu'on peut, obliger tout le monde.* »

PLAN

1. — La charité.
2. — Son caractère.
3. — Ses degrés.
4. — Devoirs réciproques des riches et des pauvres.

RÉSUMÉ. — La charité est l'amour du prochain. Elle consiste à faire du bien aux autres et même à rendre le bien pour le mal. J'aimerai mes semblables comme des frères, je les aiderai de mes ressources et je les consolerai par de bonnes paroles.

LECTURES. — Le lion et le rat, (LA FONTAINE. — La colombe et la fourmi, (LA FONTAINE.)

48. — LA BIENVEILLANCE ET LA BIENFAISANCE

« *Le cœur doit faire l'aumône quand la main ne le peut.* »
« *La façon de donner vaut mieux que ce que l'on donne.* »

PLAN

1. — La bienveillance.
2. — L'aumône.
3. — La bienfaisance morale.
4. — Devoirs à l'égard des bienfaiteurs

RÉSUMÉ. — La bienveillance est une bonne disposition à l'égard des autres. La bienfaisance consiste à secourir ceux qui sont dans le besoin. Je ne me contenterai pas de faire l'aumône aux malheureux, je les consolerai, je leur donnerai de bons conseils, je leur procurerai du travail et surtout j'éviterai de les humilier en les secourant.

LECTURES. — Bienfaisance et discrétion, ALPH. KARR (BOYER, *Livre de morale*. — Les braves gens, (VICTOR HUGO, *La Légende des siècles*).

49. — LA GÉNÉROSITÉ

« *La plus noble vengeance est le pardon.* »

« *Il faut écrire les injures sur le sable et les bienfaits sur le marbre.* »

PLAN

1. — L'indulgence.
2. — La clémence.
3. — La générosité.
4. — La vengeance.

RÉSUMÉ. — La générosité consiste à pardonner les injures et à rendre le bien pour le mal. Je serai indulgent à l'égard des autres. Je resterai bon en face des méchants et je me garderai de la vengeance qui est un sentiment bas et vil.

LECTURES. — Après la bataille, (V. HUGO, *Légende des siècles*) — Le derviche offensé, HERDER (BOYER, *Livre de morale*),

50. — LE DÉVOUEMENT

« *Mieux vaut mourir pour les autres que de vivre pour soi.* »

« *Se sacrifier, c'est obéir à ce qu'il y a de meilleur en soi.* »

PLAN

1. — Définition
2. — Beauté du dévouement.
3. — Le dévouement dans le danger.
4. — Le dévouement dans les épreuves de la vie.

Résumé. — Le dévouement est la force suprême de la charité. C'est le don de soi poussé jusqu'au sacrifice de sa vie comme le font parfois les soldats, les médecins, les savants. Il peut aussi trouver place dans la vie de tous les jours lorsqu'on accepte de souffrir et de se sacrifier pour faire du bien aux autres.

Lectures. — Le Capitaine du « Normandy » (V. Hugo). — Elisa Sellier, Rapport sur le prix de vertu (Boyer, *Livre de morale*).

51. — LA SOLIDARITE

« *Tous pour chacun, chacun pour tous.* »

« *On ne fait son propre bonheur qu'en s'occupant de celui des autres.*

PLAN

1. — Comment les hommes sont solidaires.
2. — Manifestation de la solidarité: famille, patrie, société.
3. — Notre dette sociale.
4. — Notre devoir social.

Résumé. — Tous les hommes sont solidaires les uns des autres. L'intérêt de chacun est lié à celui de tous. Nous sommes redevables des efforts accumulés de nos ancêtres. Notre devoir est de préparer un avenir meilleur à ceux qui viendront après nous, par le travail et l'association.

Lectures. — Les membres et l'estomac (La Fontaine). — Le cheval et l'âne (La Fontaine).

52. — LA FRATERNITÉ

« *Il se faut entr'aider, c'est la loi de nature.* »

« *Celui-là vit mal qui ne vit que pour lui.* »

PLAN

1. — Origine de la fraternité.
2. — Nécessité de la fraternité.
3. — Bienfaits de la fraternité.
4. — Créations dues à l'esprit de fraternité.

RÉSUMÉ. — La fraternité est l'amour réciproque qui unit les membres de la famille humaine. Sans elle, la société ne serait pas possible. Tous les hommes doivent s'aimer et se secourir comme des frères. C'est à la fraternité que sont dues les œuvres de bienfaisance et les associations amicales.

LECTURES. — L'âne et le chien (LA FONTAINE). — Les deux voisins (LAMENNAIS, *Paroles d'un croyant*).

53. — SOCIÉTÉS DE SECOURS MUTUELS

« *Aidons-nous mutuellement.* »

« *La charge de nos maux en sera plus légère.* (Florian). »

PLAN

1. — But.
2. — Fonctionnement.
3. — La mutualité scolaire.

Résumé. — Les sociétés de secours mutuels permettent aux hommes de se secourir les uns les autres et de se créer des ressources pour l'avenir. Tous les écoliers devraient adhérer à la mutualité scolaire pour faire l'apprentissage de la prévoyance et de la fraternité.

Lectures. — L'aveugle et le paralytique (Florian). — Le liseron et le saule (Ch. Delon).

X. — Devoirs spéciaux.

54. — DEVOIRS ENVERS LES ANIMAUX

« *Qui est bon envers les animaux sera doux envers les hommes.* »

« *Laissons les bouquets à leurs tiges et les nids aux buissons.* »

PLAN

1. — Les animaux sentent.
2. — Devoirs envers les animaux domestiques et les oiseaux.
3. — Commenr faut-il traiter les animaux nuisibles.
4. — Respect de tout ce qui existe.

Résumé. — L'homme peut utiliser les animaux et même disposer de leur vie, mais les faire souffrir inutilement, c'est montrer de la cruauté, de la lâcheté, de l'ingratitude et agir contre son intérêt. Ils sont protégés par la loi Grammont et par la Société protectrice des animaux. Il faut aussi respecter tout ce qui existe dans la nature.

Lectures. — Le roulier et son cheval (V. Hugo). — Le crapaud (V. Hugo) — Un cocher modèle, Vessiot (Boyer, *Livre de morale*).

55. — DEVOIRS PROFESSIONNELS

« *Pierre qui roule n'amasse pas mousse.* »

« *Il n'est si petit état qui ne nourrisse son maître.* »

PLAN

1. — Devoirs des écoliers, des ouvriers, des employés.
2. — Devoirs des patrons, des industriels, des commerçants.
3. — Devoirs des fonctionnaires, des soldats, des marins, des pompiers.
4. — Devoirs des médecins, des savants, des écrivains.

RÉSUMÉ. — Notre profession nous impose des devoirs particuliers que l'on peut résumer par ces mots : Fais bien ce que tu fais. Je m'acquitterai de tous mes devoirs d'écolier afin de me préparer à remplir scrupuleusement ceux de la profession que je choisirai.

LECTURES. — La maison du patron (PIERRE LALOI, *La première année d'instruction morale et civique*). — Le bon ouvrier des villes, E. MANUEL (BOYER, *Livre de morale*).

56. — DEVOIRS DES CITOYENS ET DES GOUVERNANTS

« *Nul n'a le droit de se mettre au-dessus des lois.* »

« *Nul n'est censé ignorer la loi.* »

PLAN

1. — **Nécessité et caractère des lois.**
2. — **Respect des lois et des institutions.**
3. — **Les gouvernants autrefois et aujourd'hui.**
4. — **Devoirs des gouvernants.**

RÉSUMÉ. — Tous les citoyens doivent obéir aux lois établies pour assurer l'ordre et la prospérité de l'Etat. Les gouvernants doivent respecter la volonté de la nation et se considérer comme les magistrats du peuple chargés de donner l'exemple d'une vie vertueuse et dévouée à la patrie.

LECTURES. — Le meunier Sans-Souci (ANDRIEUX). — Les animaux malades de la peste (LA FONTAINE).

57. — DEVOIRS DES NATIONS ENTRE ELLES

« *La force ne doit pas primer le droit, mais le servir.* »

« *Le plus grand des crimes contre l'humanité, c'est de tuer une nation ou de la mutiler.* (E. Lavisse). »

PLAN

1. — Ce qu'on appelle le droit des gens.
2. — Devoirs des nations en temps de paix.
3. — Devoirs des nations en temps de guerre.
4. — Ce qu'il faut penser des annexions.

Résumé. — **Les nations ont entre elles des devoirs de justice et de solidarité. Elles doivent observer fidèlement les traités qu'elles ont conclus et respecter réciproquement leur indépendance. En temps de guerre, il faut bien traiter les blessés et les prisonniers, respecter les gens inoffensifs et la nationalité des vaincus.**

Lectures. — Le loup et l'agneau (La Fontaine). — La France républicaine et le droit des peuples, Gambetta (E. Primaire, *Manuel d'éducation*).

58. — DIEU — LES RELIGIONS

« Qui sème le vent, moissonne la tempête. »
« Vouloir devenir bon, c'est déjà l'être. »

PLAN

1. — Dieu.
2. — Diversité des religions.
3. — Le fanatisme religieux.
4. — La liberté de conscience.

RÉSUMÉ. — Tous les hommes ne conçoivent pas Dieu de la même manière ; c'est pourquoi il y a plusieurs religions ayant chacune son culte. Dans la même religion il y a plusieurs sectes. Je respecterai toutes les croyances et je ne haïrai pas ceux qui n'ont pas la même religion que moi.

LECTURES. — Chacun de nous à le droit d'avoir la religion qu'il veut, VOLTAIRE (BAYET, *morale*). — Le vrai culte de la Divinité, J SIMON (E. PRIMAIRE, *Manuel d'éducation.*)

INSTRUCTION CIVIQUE

1. — DIVISION DES RÉSUMÉS D'INSTRUCTION CIVIQUE

« *Le citoyen a une patrie, le sujet n'a qu'un pays natal.* (FRANCK). »

« *La République est par excellence le régime de la dignité humaine.* (GAMBETTA). »

PLAN

I. — Les droits et les devoirs du citoyen.
II. — L'Etat.
III. — L'administration.
IV. — La justice.
V. — Les finances.
VI. — La force publique.
VII. — L'instruction publique.
VIII. — Autres services publics.

I. — Les droits et les devoirs du citoyen.

2. — OBJET DE L'INSTRUCTION CIVIQUE.

« *Chaque citoyen est une partie de la nation.* »

« *Le premier de nos devoirs est d'être homme, mais le second est d'être citoyen.* »

PLAN

1. — Son but.
2. — Ce qu'est un citoyen.
3. — Importance de l'instruction civique.

RÉSUMÉ. — L'instruction civique nous fait connaître nos droits et nos devoirs de citoyens ainsi que l'organisation politique et administrative de la France. Elle est d'une grande importance en raison de la part que chaque citoyen prend au gouvernement de son pays.

3. — LES FRANÇAIS AUTREFOIS ET AUJOURD'HUI

« *Un pays libre n'a pas de sujets, mais des citoyens.* »
« *La volonté de la nation est l'unique source de l'autorité.* »

PLAN

1. — Le sujet d'autrefois.
2. — L'absolutisme des rois et la division de la nation en classes.
3. — Le citoyen d'aujourd'hui.
4. — La souveraineté nation nationale et l'unité du peuple français.

RÉSUMÉ. — Avant 1789, les Français étaient des sujets soumis à un roi absolu et divisés en trois classes : le clergé, la noblesse et le tiers-état. Aujourd'hui ils forment une classe unique de citoyens libres et égaux qui se gouvernent eux-mêmes par l'intermédiaire de leurs représentants.

---

4. — LES DROITS DU CITOYEN FRANÇAIS

« *Le citoyen a une part dans le gouvernement de son pays.* »
« *Tous les citoyens sont égaux devant la loi.* »

PLAN

1. — Déclaration des droits de l'homme et du citoyen.
2. — Tous les hommes sont libres et égaux.
3. — La nation est souveraine.
4. — La loi est l'expression de la volonté générale.

RÉSUMÉ. — Les droits des Français sont contenus dans la célèbre Déclaration des droits de l'homme et du citoyen de 1789. Cette déclaration dit que les hommes sont libres et égaux en droits, que la nation est souveraine, que la loi est l'expression de la volonté générale, que tout le monde doit être soumis à la loi, que nul ne doit être inquiété pour ses opinions, que l'impôt doit être consenti librement.

5. — LE SUFFRAGE UNIVERSEL

« *Le suffrage universel, en donnant un bulletin à ceux qui souffrent, leur ôte le fusil.* »

« *Tout électeur doit s'assurer qu'il est inscrit sur la liste électorale.* »

PLAN

1. — Définition et origine.
2. — Conditions requises pour être électeur ; exceptions.
3. — Conditions d'éligibilité.
4. — Corps élus directement et indirectement.

Résumé. — Le suffrage universel, établi par la Révolution de 1848, a donné à tous les citoyens le droit de choisir les représentants chargés de les gouverner. Les électeurs sont les hommes majeurs inscrits sur les listes électorales dressées au 31 mars de chaque année. Ils élisent directement ou indirectement nos diverses assemblées.

---

6. — LES ÉLECTIONS

« *Le droit de vote impose le devoir de s'instruire.* »

« *Tout aboutit à l'urne et tout en découle.* »

PLAN

1. — La carte d'électeur.
2. — Le bureau électoral.
3. — L'urne.
4. — Le bulletin de vote.
5. — La liste d'émargement.
6. — Le dépouillement du scrutin.
7. — Conditions pour être élu.
8. — Scrutin uninominal et scrutin de liste.

Résumé. — Les électeurs, munis de leur carte d'électeur, vont à la mairie déposer leur bulletin de vote dans une urne. Pour être élus, les candidats doivent obtenir la majorité absolue au 1er tour de scrutin et la majorité relative au scrutin de ballottage.

7. — LE VOTE

« *Vendre son vote, c'est vendre sa conscience.* »

« *C'est un devoir d'accepter une fonction où nous appelle l'estime publique.* »

PLAN

1. — Importance du vote.
2. — Conséquences de l'abstention.
3. — Qualités du vote.
4. — Obligation d'acceptet un mandat électif.

RÉSUMÉ. — Le devoir de voter est très important, car c'est de lui que dépend la prospérité de la patrie. L'abstention est toujours une faute. Il faut que le vote soit libre, éclairé et désintéressé. Vendre son vote, c'est vendre sa conscience.

---

8. — DEVOIRS DES FRANÇAIS

« *Liberté oblige.* »

« *Nul n'a le droit de se mettre au-dessus des lois.* »

PLAN

1. — Comment doit se conduire un citoyen libre.
2. — Obéissance aux lois ; les principales.
3. — Respect aux magistrats.
4. — Obligation de se faire une opinion politique.

RÉSUMÉ. — Un citoyen libre comme le Français doit se conduire mieux qu'un autre pour être digne de sa liberté. Il doit obéir aux lois et respecter les magistrats chargés de les appliquer. Il a aussi le devoir de se faire une opinion politique et de surveiller ses mandataires.

II. — L'Etat.

9. — L'ÉTAT ET LE GOUVERNEMENT

« *La République, c'est la vérité couronnée.* »
« *La République est le gouvernement qui offre les meilleures garanties de force, de sécurité, de liberté.* »

PLAN

1. — L'Etat, son caractère.
2. — Le gouvernement.
3. — Formes de gouvernement.
4. — Avantages du gouvernement républicain.

RÉSUMÉ. — L'Etat est l'ensemble des habitants d'un même pays. Le gouvernement est l'autorité chargée de faire exécuter les lois. Il peut être républicain ou monarchique. La monarchie est absolue ou constitutionnelle. Le gouvernement républicain est celui qui présente le plus d'avantages.

---

10. — LES POUVOIRS DE L'ÉTAT

« *La séparation des pouvoirs est une condition de liberté.* »
« *Le gouvernement le plus moral est celui où les pouvoirs sont le mieux divisés.* »

PLAN

1. — Les trois pouvoirs essentiels.
2. — Leur rôle.
3. — De la séparation des pouvoirs.
4. — Prépondérance de l'un d'eux.

RÉSUMÉ. — Dans tout Etat, on distingue trois pouvoirs essentiels : le pouvoir législatif qui fait les lois ; le pouvoir exécutif qui les fait exécuter et le pouvoir judiciaire qui en punit la violation. Ces trois pouvoirs sont séparés pour éviter les excès d'autorité, mais la prépondérance peut être donnée à l'un ou à l'autre.

11. — LA CONSTITUTION DE LA FRANCE

« *La constitution est la première des lois.* »

« *Un bon citoyen doit obéir à la constitution que son pays s'est librement donnée.* »

PLAN

1. — De la constitution.
2. — Les constitutions en France.
3. — La constitution de 1875.
4. — Revisions de la constitution.

RÉSUMÉ. — La constitution est la loi qui organise le gouvernement d'un pays. Nous sommes régis par la constitution du 2 février 1875 qui repose sur la souveraineté nationale, sur la séparation des pouvoirs et sur la prépondérance du pouvoir législatif sur le pouvoir exécutif. Elle a été revisée en 1879 et en 1884.

---

12. — LE POUVOIR LÉGISLATIF

« *Le pouvoir législatif doit sortir du peuple même.* »

« *Les destinées de la patrie dépendent des hommes choisis pour la représenter.* »

PLAN

1. — A qui il appartient.
2. — Les députés.
3. — Les sénateurs.
4. — Ce qui leur est commun.

RÉSUMÉ. — Le pouvoir législatif appartient à la chambre des députés et au sénat. Les députés sont élus pour quatre ans par le suffrage universel. Les sénateurs sont élus pour neuf ans par le suffrage à plusieurs degrés. Les députés et les sénateurs sont inviolables et peuvent être réélus.

13. — LE PARLEMENT

« *Ce n'est pas le bruit, mais le bien qu'elle fait qui constitue la gloire d'une assemblée.* »

« *Les assemblées doivent toujours s'inspirer des leçons de l'histoire.* »

PLAN

1. — Les sessions des deux chambres.
2. — Attributions communes.
3. — Le Congrès ou Assemblée nationale.
4. — Attributions propres à chaque chambre.

RÉSUMÉ. — Les deux chambres se réunissent chaque année à Paris en session ordinaire et en session extraordinaire. Elles votent les lois et le budget, adressent des interpellations au gouvernement et élisent le Président de la République. Le Sénat peut donner au Président de la République le droit de dissoudre la Chambre et se constituer en Haute cour de justice pour juger les attentats contre la sûreté de l'Etat.

---

14. — LE PRÉSIDENT DE LA RÉPUBLIQUE

« *Le Président de la République est le premier magistrat de la France.* »

« *Tout citoyen peut être nommé Président de la République.* »

PLAN

1. — Mode d'élection.
2. — Durée des pouvoirs.
3. — Caractère.
4. — Attributions.

RÉSUMÉ. — Le Président de la République, élu pour sept ans, est irresponsable. Il choisit les ministres, nomme aux emplois civils et militaires, promulgue les lois, dispose de la force armée et négocie les traités. Il préside aux solennités nationales et reçoit les ambassadeurs.

15. — LES MINISTRES

« *Les ministres sont les premiers serviteurs de l'Etat.* »
« *Il y a autant d'honneur que de péril à présider aux destinées d'un pays.* »

PLAN

1. — Nomination.
2. — Attributions.
3. — Responsabilité.
4. — Nombre de ministres.

RÉSUMÉ. — Les ministres exercent le pouvoir exécutif au nom du Président de la République qui les nomme. Ils présentent et soutiennent des projets de loi. Ils sont responsables de leurs actes. La Chambre les renverse par un vote de blâme et le Sénat les juge en cas de mise en accusation.

III. — L'administration.

16. — DIVISION ADMINISTRATIVE DE LA FRANCE

« *Plus on est élevé en dignité, plus on a de devoirs à remplir.* »
« *C'est la Révolution qui fit de la France une nation.* »

PLAN

1. — Les anciennes provinces d'autrefois.
2. — Leurs inconvénients.
3. — Division administrative actuelle de la France.

RÉSUMÉ. — Avant la Révolution, la France était divisée en 33 provinces d'inégale étendue. L'administration et les habitudes y étaient restées les mêmes pendant fort longtemps et y avaient créé un patriotisme local et un esprit particulariste. Aujourd'hui la France est divisée en 86 départements, subdivisés en arrondissements, en cantons et en communes.

17. — LA COMMUNE

« *Les habitants d'une même commune sont comme les membres d'une grande famille.* »

« *Ce qui est à la commune appartient en général à tout le monde et en particulier à personne.* »

PLAN

1. — **Définition.**
2. — **Caractère de la commune.**
3. — **Biens de la commune.**
4. — **Le budget communal.**

RÉSUMÉ. — La commune est une unité territoriale, administrée par un maire assisté d'un ou de plusieurs adjoints et d'un conseil municipal. Toute commune a des propriétés: elle peut acheter, vendre, emprunter comme une personne. Chaque année, elle établit l'état des dépenses et des recettes présumées: c'est ce qu'on appelle le budget.

---

18. — LE CONSEIL MUNICIPAL

« *Le conseil municipal est l'interprète des vœux des électeurs et le défenseur de leurs droits.* »

« *Les habitants d'une commune se doivent mutuellement protection et assistance.* »

PLAN

1. — **Election.**
2. — **Attributions.**
3. — **Sessions.**
4. — **Publicité des séances.**

RÉSUMÉ. — Le conseil municipal est élu pour quatre ans par le suffrage universel au scrutin de liste. Il vote le budget et délibère sur toutes les affaires intéressant la commune. Il a quatre sessions ordinaires et peut se réunir en sessions extraordinaires. Ses séances sont publiques et son registre des délibérations peut être communiqué à tout requérant.

19. — LE MAIRE

« *Une commune administrée par un bon maire est ordinairement prospère.* »

« *Le maire est le premier magistrat de la commune.* »

PLAN

1. — Election.
2. — Agent du gouvernement.
3. — Magistrat municipal.
4. — Officier de l'état civil.

RÉSUMÉ. — Le maire et les adjoints sont élus par le conseil municipal qui les choisit dans son sein. Comme agent du gouvernement, le maire fait exécuter les lois et prend des arrêtés pour assurer l'ordre et la sécurité publics. Comme magistrat municipal, il gère les revenus de la commune, propose le budget et exécute les décisions du conseil municipal. Il est aussi officier de l'état civil.

---

20. — LE CANTON

« *Le canton est une circonscription judiciaire, financière, militaire et électorale.* »

« *Le canton n'a pas d'administration qui lui soit propre.* »

PLAN

1. — Définition.
2. — Caractère.
3. — Fonctionnaires du canton.

RÉSUMÉ. — Le canton est une division purement territoriale qui n'a point d'administration propre. Il élit un conseil général, un ou deux conseillers d'arrondissement. Le chef-lieu de canton est le siège de la justice de paix, le lieu du tirage au sort et de la revision des conscrits.

21. — L'ARRONDISSEMENT

« *L'arrondissement est une circonscription financière, judiciaire et administrative.* »

« *Les conseillers d'arrondissement sont électeurs sénatoriaux.* »

PLAN

1. — **Définition.**
2. — **Le sous-préfet.**
3. — **Le conseil d'arrondissement.**
4. — **Fonctionnaires de l'arrondissement.**

RÉSUMÉ. — L'arrondissement est une division administrative dirigée par un sous-préfet Ce magistrat sert d'intermédiaire entre le préfet et les maires. Il est assisté par un conseil d'arrondissement dont les membres au nombre de 9 au moins, sont élus pour 6 ans à raison de 1 ou 2 par canton. Cette assemblée émet des vœux et répartit les contributions entre les communes.

---

22. — LE DÉPARTEMENT

« *Le département est une personne civile comme la commune et l'Etat.* »

« *La division en départements a contribué à faire de la France une nation.* »

PLAN

1. — **Définition.**
2. — **Caractère.**
3. — **Les propriétés départementales.**
4. — **Le budget départemental.**

RÉSUMÉ. — Le département est une fraction du territoire administrée par un préfet. Il a des propriétés comme la commune; il peut acheter, vendre, emprunter, plaider comme un individu. Ses revenus et ses dépenses sont établis chaque année dans le budget départemental.

23. — LE CONSEIL GÉNÉRAL

« *Le conseil général est pour le département ce que le conseil municipal est pour la commune.* »

« *Tout conseiller général est électeur sénatorial.* »

PLAN

1. — Composition et élection.
2. — Sessions.
3. — Attributions administratives.
4. — Attributions politiques.

Résumé. — Les intérêts du département sont gérés par le Conseil général dont les membres sont élus pour 6 ans à raison de un par canton. Il a deux sessions dans l'intervalle desquelles il est représenté par la Commission départementale. Il vote le budget, contrôle l'administration du préfet et prend part à l'élection des sénateurs.

---

24. — LE PRÉFET

« *Le magistrat, c'est la loi vivante* (Cicéron). »

« *Plus on a de pouvoir, plus on doit être sévère pour soi-même.* »

PLAN

1. — Nomination.
2. — Agent du gouvernement.
3. — Représentant du département.
4. — Tuteur des communes.
5. — Auxiliaires du préfet.

Résumé. — Le préfet est nommé par le Président de la République sur la proposition du ministre de l'intérieur. Il est à la fois l'agent du gouvernement, le représentant du département et le tuteur des communes. Il a pour auxiliaires le secrétaire général, le conseil de préfecture et les sous-préfets.

IV. — La justice.

25. — LA JUSTICE

« *Un mauvais arrangement vaut mieux qu'un bon procès.* »

« *La justice comprend en elle toutes les vertus.* »

PLAN

1. — Nécessité de la justice.
2. — La justice civile et la justice pénale.
3. — La magistrature debout et la magistrature assise.
4. — Gratuité de la justice.

Résumé. — La justice est rendue par des magistrats sous l'autorité du ministre de la justice. La justice civile s'occupe des contestations entre les particuliers, la justice pénale punit les infractions aux lois. On distingue la magistrature debout qui soutient l'accusation et la magistrature assise qui rend les jugements. La justice en France est gratuite, mais les frais en sont très onéreux.

Lectures. — L'huître et les plaideurs (La Fontaine).

26. — LES TRIBUNAUX ORDINAIRES

« *Tout procès doit être jugé publiquement.* »

« *La charge du juge est sublime* »

PLAN

1. — La justice de paix.
2. — Le tribunal de 1re instance.
3. — La cour d'appel.
4. — La cour de cassation.

Résumé. — Il y a une justice de paix dans chaque canton et un tribunal de 1re instance dans chaque arrondissement pour juger les affaires civiles et correctionnelles. Les 26 cours d'appel revisent les jugements et la Cour de Cassation à Paris casse ceux qui sont rendus en violation de la loi.

27. — LA COUR D'ASSISES

« *Chaque citoyen est jugé par ses pairs.* »

« *L'institution du jury est la garantie de toutes les libertés.* » (BÉRENGER). »

PLAN

1. — Composition.
2. — Le jury ; le verdict.
3. — Le parquet.
4. — L'avocat.

RÉSUMÉ. — La cour d'assises siège tous les trois mois dans chaque département pour juger les crimes. Elle se compose de trois juges dont l'un, le président, dirige les débats, du ministère public qui soutient l'accusation et de 12 jurés qui déclarent si l'accusé est coupable ou innocent.

---

28. — LES TRIBUNAUX SPÉCIAUX

« *L'accès de la justice est ouvert à tous.* »

« *Le droit est le souverain du monde* (MIRABEAU). »

PLAN

1. — Conseils de guerre.
2. — Tribunaux de commerce.
3. — Conseils de prud'hommes.
4. — Tribunaux administratifs: conseils de préfecture, conseil d'Etat.

RÉSUMÉ. — Les tribunaux spéciaux sont : le conseil de guerre composé d'officiers, le tribunal de commerce dont les juges sont élus par les commerçants eux-mêmes, les conseils de prud'hommes composés par moitié d'ouvriers et de patrons, les conseils de préfecture et le conseil d'Etat qui jugent les réclamations en matière d'impôts et d'élections et les différends entre les particuliers et les communes.

V. — Les finances.

29. — LES FINANCES

« *Un bon système financier est celui où règnent l'ordre et la sagesse.* »

« *Le crédit du gouvernement repose sur la confiance qu'il inspire.* »

PLAN

1. — Fonctions du ministre des finances.
2. — Le budget.
3. — Principales dépenses.
4. — Principales recettes.

RÉSUMÉ. — Le ministre des finances administre le trésor public, prépare le budget et le soumet au vote des chambres. Les principales dépenses sont les intérêts de la dette, les dépenses militaires, de l'instruction, etc. Les principales recettes sont les impôts, les monopoles et les revenus des domaines nationaux.

---

30. — LES IMPOTS

« *Les impôts sont dus à la nation par la nation.* »

« *Sous prétexte qu'il ne vole personne, le fraudeur vole tout le monde.* »

PLAN

1. — Les impôts autrefois.
2. — Les impôts aujourd'hui.
3. — Les impôts directs.
4. — Les impôts indirects.

RÉSUMÉ. — Avant 1789, les impôts reposaient sur le privilège et l'arbitraire. Aujourd'hui ils sont votés par le parlement et payés par tous les citoyens. Les impôts directs sont les contributions foncière, personnelle-mobilière, celles des portes et fenêtres, des patentes et les taxes diverses. Les contributions indirectes sont les impôts de consommation, les monopoles, les droits de douane, d'octroi, de timbre et d'enregistrement.

31. — ASSIETTE DE L'IMPOT

« *L'impôt ne peut être établi que par une loi.* »

« *C'est dans les pays de liberté qu'on trouve le meilleur système de finances.* »

PLAN

1. — Répartition des impôts.
2. — Confection des matrices, rôles, bordereaux.
3. — Eléments des impôts directs: le principal et les centimes.
4. — Part de l'Etat, du déparmteent, de la commune.

RÉSUMÉ. — Les impôts directs sont répartis entre les contribuables, au moyen de matrices et de rôles, par les contrôleurs et les répartiteurs. Ils se composent de deux éléments: le principal qui appartient à l'Etat et les centimes additionnels ordinaires et extraordinaires qui reviennent à l'Etat, au département et à la commune.

---

32. — PERCEPTION DES IMPOTS

« *Nous devons payer l'impôt sans discuter.* »

« *Celui qui se soustrait à l'impôt ment et vole à la fois.* »

PLAN

1. — Perception des impôts directs et indirects.
2. — Centralisation des impôts et paiement des dépenses publiques.
3. — Surveillance et contrôle des deniers publics.
4. — Réclamations en matière d'impôts.

RÉSUMÉ. — Les impôts directs perçus par les percepteurs et les impôts indirects perçus par des receveurs sont transmis au Ministre des finances par les receveurs particuliers et les trésoriers-payeurs généraux. Tous les comptes sont vérifiés par la Cour des Comptes à Paris.

VI. — La force publique.

33. — LA FORCE PUBLIQUE

« *La force publique est utilisée pour l'avantage de tous.* »
« *Il faut être fort pour être respecté.* »

PLAN

1. — Sa nécessité.
2. — Sa composition.
3. — La police.
4. — La gendarmerie.

RÉSUMÉ. — La force publique se compose : 1° de l'armée et de la marine chargées de la défense nationale ; 2° de la police et de la gendarmerie chargées de maintenir l'ordre, d'empêcher la violation de la loi et de poursuivre les coupables devant les tribunaux.

---

34. — LE SERVICE MILITAIRE

« *Le service obligatoire, c'est la nation armée.* »
« *Qui veut la paix, prépare la guerre.* »

PLAN

1. — Nécessité du service militaire.
2. — Le service militaire aujourd'hui.
3. — Effectif de l'armée.
4. — Comment il faut faire son service militaire.

RÉSUMÉ. — Tous les Français valides doivent le service militaire de 20 à 45 ans. Ils font successivement partie de l'armée active, de la réserve de l'armée active et de l'armée territoriale. En temps de paix, ils restent trois ans au régiment et sont ensuite astreints à deux périodes d'instruction de 28 jours et à une période de 13 jours. En temps de guerre, tout le monde serait appelé sous les drapeaux.

35. — LE RECRUTEMENT

« *Tout le monde doit le service militaire.* »

« *Pour être un soldat, il faut apprendre la science de la guerre.* »

PLAN

1. — Définition.
2. — Opérations qu'il comprend.
3. — Disponibles, exemptés, ajournés, dispensés.
4. — Engagements volontaires et rengagements.

Résumé. — Le recrutement comprend le recensement des conscrits dans chaque commune, le tirage au sort et la revision dans chaque canton et l'incorporation des jeunes soldats. Les dispensés payent une taxe militaire. Les engagés volontaires sont reçus à partir de 18 ans.

---

36. — ORGANISATION DE L'ARMÉE

« *Qui n'est pas bon soldat n'est pas bon capitaine.* »

« *Armure n'est rien si elle n'est bien défendue.* »

PLAN

1. — Sortes de troupes.
2. — Les 20 corps d'armée.
3. — Les grades dans l'armée.
4. — La discipline et les décorations militaires.

Résumé. — L'armée de terre se compose de 20 corps d'armée comprenant chacun de l'infanterie, de la cavalerie, de l'artillerie, du génie, du train des équipages et des services auxiliaires. Les soldats sont commandés par les sous-officiers, les officiers, les officiers supérieurs et les officiers généraux.

37. — L'ARMÉE DE MER

« *On connaît le marin quand survient la tempête.* »

« *Les vaisseaux de guerre sont les forteresses de la mer.* »

PLAN

1. — Rôle de l'armée de mer.
2. — Composition et recrutement.
3. — Notre flotte.
4. — Division du littoral.

RÉSUMÉ. — L'armée de mer protège nos côtes, notre commerce et nos colonies. Elle comprend les marins, l'infanterie et l'artillerie de marine et se recrute principalement parmi les inscrits maritimes. Le littoral de la France est divisé en 5 arrondissements maritimes dirigés par des préfets maritimes.

VII. — L'instruction publique.

38. — L'ENSEIGNEMENT PRIMAIRE

« *Un peuple ignorant ne peut être libre* (LAKANAL). »

« *L'instruction donne la science ; l'éducation, la sagesse.* »

PLAN

1. — Ce qu'il comprend.
2. — Ses caractères.
3. — Écoles où il se donne.
4. — Qui le donne, qui le surveille.

RÉSUMÉ. — L'enseignement primaire comprend les connaissances indispensables à tous les citoyens. Il est gratuit, obligatoire et laïque. Il est donné dans les écoles maternelles, dans les écoles primaires et dans les écoles normales. Il est surveillé par les inspecteurs primaires, les inspecteurs d'académie et le recteur de chaque académie.

39. — L'ENSEIGNEMENT SECONDAIRE ET L'ENSEIGNEMENT SUPÉRIEUR

« *Sans lumières point de morale.* (Mirabeau) »
« *Eclairez les hommes à tout prix.* »

PLAN

1. — L'enseignement secondaire ; son rôle.
2. — Ecoles où il est donné.
3. — L'enseignement supérieur ; son but.
4. — Ecoles où il est donné.

Résumé. — L'enseignement secondaire est donné dans les collèges et les lycées ; il est classique ou moderne et prépare aux baccalauréats. L'enseignement supérieur est donné dans les facultés de lettres, de sciences, de droit et de médecine ; il prépare aux carrières de professeur, d'avocat, de médecin, etc.

VIII. — Autres services publics.

« *Les voies de communication rapprochent les produits et les producteurs.* »
« *Labourage et pâturage sont les deux mamelles de la France.* »

PLAN

1. — Affaires étrangères.
2. — Travaux publics.
3. — Agriculture.
4. — Industrie et commerce.
5. — Colonies.
6. — Poste.
7. — Cultes.

Résumé. — Les autres grands services publics sont les affaires étrangères, les travaux publics, l'agriculture, l'industrie et le commerce, les colonies, sous la direction d'un ministre spécial. La poste et les cultes sont rattachés tantôt à un ministère, tantôt à un autre.

LA CIVILITÉ

1. — LA CIVILITÉ

« *La politesse est un fonds qui ne coûte rien et rapporte beaucoup.* »

« *L'impoli est un égoïste et un orgueilleux.* »

PLAN

1. — Définition.
2. — Importance.
3. — Ce qu'elle doit être.
4. — Division.

RÉSUMÉ. — La civilité est l'usage des bonnes manières dans la société. Quand elle est sincère, naturelle et simple, elle nous attire la symphatie des autres et rend la vie plus agréable. Elle comprend les règles de politesse à observer en famille, à l'école, dans les rues et dans les relations sociales.

---

2. — POLITESSE ENVERS LES PARENTS

« *La politesse est une forme de la bonté.* »

« *C'est surtout dans la famille qu'il faut porter son velours en dedans.* »

PLAN

1. — Salutations du matin et du soir.
2. — Quand et comment on leur parle.
3. — Eviter la trop grande familiarité.
4. — Obéissance prompte, prévenance aimable.

RÉSUMÉ. — Je respecterai mes parents et je leur parlerai poliment. Je leur adresserai des salutations en me levant et en me couchant. Je leur obéirai de bon cœur et je me montrerai toujours prévenant à leur égard et empressé à leur plaire.

3. — POLITESSE ENVERS LES FRÈRES ET SŒURS

« *La politesse envers les frères et sœurs est une marque d'amitié.* »
« *L'amitié des frères et sœurs fait le bonheur des parents.* »

PLAN

1. — Salutations le matin et le soir.
2. — Comment on leur parle.
3. — Il faut être conciliant, prévenant.
4. — Pas d'égoïsme ni de jalousie.

RÉSUMÉ. — J'adresserai des salutations à mes frères et à mes sœurs en me levant et en me couchant. Je leur parlerai poliment ; je supporterai leurs défauts ; je serai complaisant à leur égard et je ne me montrerai jamais ni orgueilleux ni jaloux.

---

4. — POLITESSE ENVERS L'ÉCOLE

« *Je respecterai l'école et ses abords.* »
« *L'école est sanctuaire autant que la chapelle.* (V. Hugo) »

PLAN

1. — L'école, lieu d'étude et de recueillement.
2. — Respect des tables, des murs, etc.
3. — Tenue à l'école.
4. — Tenue dans les cours, dans les cabinets.

RÉSUMÉ. — Je respecterai l'école et ses abords. Je ne ferai point de souillures ni de dégradations aux murs ni aux tables. J'éviterai de faire des taches d'encre ou de cracher sur le plancher. Je me garderai de crier ou de siffler aux environs de l'école qui est un lieu d'étude et de recueillement.

5. — POLITESSE A L'ÉGARD DU MAITRE

« *Après nos parents, notre instituteur est l'homme que nous devons le plus honorer et respecter.* »

PLAN

1. — Exactitude et propreté.
2. — Salutations.
3. — Absences et retards.
4. — Conduite en classe et hors de la classe.

RÉSUMÉ. — J'arriverai toujours à l'heure à l'école dans un état convenable de propreté. Je saluerai le maître en entrant et en sortant et je le préviendrai de mes absences Je veillerai constamment sur ma tenue, j'obéirai ponctuellement et j'accepterai les punitions sans murmurer.

---

6. — POLITESSE ENVERS LES CAMARADES

« *Soyez doux, bons et généreux les uns à l'égard des autres.* »

« *Le bon exemple est la meilleure des leçons.* »

PLAN

1. — Les farces.
2. — Paroles déplacées.
3. — Rires inconvenants.
4. — Ce qu'il faut faire.

RÉSUMÉ. — Je ne serai ni moqueur, ni grossier à l'égard de mes camarades. J'éviterai de leur donner des sobriquets et je respecterai ce qui leur appartient. Je protégerai les faibles et les infirmes, je visiterai ceux qui seront malades et je me monterai bon et serviable en toute circonstance.

7. — LE MAINTIEN

« *La bonne tenue n'est pas la bonne conduite, mais elle en est souvent la marque.* »

« *La bonne tenue s'acquiert par l'usage et par l'imitation.* »

PLAN

1. — Le bon maintien.
2. — Comment il s'acquiert.
3. — Attitude en société.
4. — Devoirs des enfants.

RÉSUMÉ. — Je prendrai la position la plus naturelle, la plus simple et la moins gênante pour mes voisins. J'imiterai les personnes de bonne tenue. J'éviterai les manières tapageuses et légères. ; mais je me garderai aussi d'avoir un air affecté de gravité.

---

8. — TENUE DE LA TÊTE

« *Les cheveux blancs sont vénérables.* »

« *Les amis s'aiment en cheveux gris.* »

PLAN

1. — Soins de propreté.
2. — Usage des odeurs.
3. — De la coiffure.
4. — En société.

RÉSUMÉ. — Je nettoierai ma tête tous les jours sans abuser des odeurs et j'arrangerai mes cheveux le plus simplement possible. En société, je tiendrai la tête droite, j'éviterai de la gratter et j'ôterai ma coiffure pour saluer et pour parler à un supérieur.

9. — TENUE DU VISAGE

« *Le visage est le miroir de l'âme.* »

« *Ayez toujours un visage agréable.* »

PLAN

1. — Le visage.
2. — Le nez.
3. — Les oreilles.
4. — La bouche.

RÉSUMÉ. — J'aurai un visage propre et agréable. J'éviterai de faire des grimaces, de gonfler les joues, de mordre les lèvres, de froncer les sourcils et de fixer mes regards sur quelqu'un. Si j'éprouve le besoin de me moucher, d'éternuer, de bailler, de tousser, de cracher, je le ferai sans bruit en me servant de mon mouchoir.

---

10. — TENUE DES MEMBRES

« *Ne repoussez pas la main qu'on vous tend.* »

« *Les bons bras font les bonnes tâches.* »

PLAN

1. — Propreté.
2. — Tenue pendant la marche.
3. — Tenue quand on est assis.
4. — Prescriptions diverses.

RÉSUMÉ. — J'éviterai de raidir les bras ou de les balancer avec rapidité, de remuer constamment les jambes et de poser les pieds sur les barreaux des chaises. Je ne rongerai pas mes ongles avec mes dents et je me garderai de montrer quelqu'un du doigt.

11. — TENUE DANS LES RUES

« *Que votre maintien dans les rues soit un bon exemple pour tous.* »

« *Le public a droit au respect.* »

PLAN

1. — Propreté du corps et des vêtements.
2. — Manière de marcher.
3. — Respect de soi-même.
4. — Respect des autres.

RÉSUMÉ. — J'aurai une tenue convenable dans les rues et je marcherai sans prétention comme sans nonchalance. J'éviterai de crier, de courir, de me moquer des passants, d'écouter aux portes ou de regarder aux fenêtres et surtout de jeter des pierres. Je prêterai secours aux personnes embarrassées.

---

12. — LES RENCONTRES

« *Il faut céder le pas aux personnes que l'on rencontre.* »

« *La moindre prévenance suffit pour gagner les cœurs.* »

PLAN

1. — Céder le pas aux personnes que l'on rencontre.
2. — S'excuser quand on passe devant quelqu'un.
3. — Conversations courtes.
4. — Tenue du parapluie.

RÉSUMÉ. — Je céderai le pas aux personnes que je rencontrerai et je m'excuserai quand je passerai devant elles. J'éviterai de pousser et de bousculer s'il y a foule. Je me découvrirai pour répondre ou pour adresser la parole et je ne causerai pas longtemps. Je tiendrai mon parapluie de manière à ne blesser personne.

13. — LES SALUTS

« *Le salut est une marque d'amitié ou de respect.* »
« *Un salut ne coûte pas cher et fait grand plaisir.* »

PLAN

1. — Ce qu'est un salut.
2. — Qui faut-il saluer.
3. — Comment faut-il saluer.
4. — Salut au drapeau et aux convois funèbres.

RÉSUMÉ. — Un salut est une marque d'amitié ou de respect. Je saluerai toutes les personnes que je connais : j'ôterai ma coiffure et j'inclinerai légèrement la tête. Je ne tendrai pas la main le premier à un supérieur ou à une dame. Je me découvrirai devant le drapeau et les convois funèbres.

14. — LES VISITES

« *Il faut être aimable si l'on veut être aimé* »
« *Les visites doivent être courtes.* »

PLAN

1. — Visites à faire. — quand ? — à qui ? — tenue.
2. — Avant d'entrer.
3. — Pendant la visite ; — durée.
4. — Sortie.
5. — En commission.

RÉSUMÉ. — Quand je ferai une visite, je m'habillerai proprement, j'essuierai mes pieds avant d'entrer, je sonnerai ou frapperai doucement, je saluerai le premier, je me tiendrai découvert et je resterai peu de temps. Je rendrai toutes les visites qui me seront faites.

15. — LES VOYAGES

« *En voyage, soyez agréables aux autres et évitez de les gêner.* »
« *Les voyages forment la jeunesse.* »

PLAN

1. — Comment on prend sa place.
2. — Comment il faut se tenir.
3. — Ce qu'il faut éviter.
4. — Services à rendre.

RÉSUMÉ. — En voyage, je réserverai toujours la meilleure place aux dames et aux personnes âgées. J'éviterai de gêner les voyageurs et de me rendre importun. Je m'excuserai si je dois passer devant quelqu'un et je rendrai de petits services à ceux qui montent ou qui descendent.

---

16. — LES REPAS EN FAMILLE

« *Ne critiquez jamais les mets que l'on vous sert.* »
« *Ne parlez pas et ne buvez pas la bouche pleine.* »

PLAN

1. — Soins de propreté.
2. — Ne pas faire le difficile.
3 — Comment il faut manger.
4. — Tenue à table.

RÉSUMÉ. — Je serai toujours à la maison à l'heure des repas et je laverai mes mains avant de me mettre à table. Je ne me montrerai pas exigeant et je remercierai quand on me servira. Je ne mettrai pas les coudes sur la table, je ne mangerai ni trop vite ni trop lentement et j'éviterai de trop parler ou de trop rire.

17. — LES REPAS EN SOCIÉTÉ

« *Levez-vous de table avec un léger restant d'appétit.* »

« *Ne montrez pas un goût exagéré pour les desserts qu'on présente à table.* »

PLAN

1. — Avant le repas.
2. — Pendant le repas.
3. — Après le repas.

RÉSUMÉ. — Si je suis invité à un repas, je serai très exact et je ne choisirai pas ma place. Je me tiendrai sans raideur ni gaucherie. Je mangerai avec modération, propreté et adresse et je n'importunerai pas par mon bavardage. Je quitterai la table en même temps que les autres et je remercierai le maître et la maîtresse de la maison de leur bon accueil.

---

18. — LA CONVERSATION

« *Parler sans cesse, c'est tirer sans viser.* »

« *On se repent rarement de parler peu, très souvent de trop parler.* »

PLAN

1. — Quand il faut parler.
2. — Comment faut-il parler ?
3. — De quoi faut-il parler ?
4. — Eloges et compliments.

RÉSUMÉ. — Je parlerai distinctement ni trop haut ni trop bas en évitant les termes grossiers ou les expressions recherchées. Je répondrai poliment sans signe de tête et je n'interromprai pas ceux qui parlent. Je ne poserai pas de questions indiscrètes, j'éviterai de me louer moi-même et j'adresserai des félicitations sans flatterie quand l'occasion s'en présentera.

19. — LES CÉRÉMONIES

« *Je serai d'une conduite irréprochable pendant les cérémonies.* »
« *Pendant les cérémonies vous serez jugés sur votre extérieur.* »

PLAN

1. — **Règles générales.**
2. — **Fêtes scolaires.**
3. — **Fêtes de famille.**
4. — **Fêtes publiques.**

RÉSUMÉ. — Je m'habillerai très proprement pour assister aux cérémonies et je serai très exact. Je m'observerai constamment pour ne pas attirer l'attention sur moi et je réflèterai dans ma tenue, dans mes manières et dans mon langage, les sentiments qu'exigent les circonstances.

---

20. — LA CORRESPONDANCE

« *Les paroles s'en vont, les écrits restent.* »
« *Le ton d'une lettre doit se mesurer à la qualité du correspondant.* »

PLAN

1. — **La lettre, son importance.**
2. — **Qualités de la lettre.**
3. — **Quand faut-il écrire**
4. — **Prescripcions diverses : forme de la lettre, le papier, l'adresse.**

RÉSUMÉ. — Il faut écrire les lettres de son mieux, sans tache ni rature sur une feuille de papier double en ménageant une marge suffisante. On met en tête le nom de la localité, la date et le titre du correspondant ; on termine par la formule de salutations et on signe. On doit répondre le plus tôt possible aux lettres qu'on reçoit.

ANTIALCOOLISME

I. — Partie hygiénique.

1. — L'ALCOOLISME

« *L'ivresse coûte plus cher à nourrir que deux enfants.* »

« *Acheter de l'alcool, c'est acheter la mort.* »

PLAN

1. — Définition.
2. — Comment on devient alcoolique.
3. — Portrait de l'alcoolique.
4. — L'alcoolisme, fléau de la famille et plaie sociale.

RÉSUMÉ. — L'alcoolisme est une maladie terrible qui affaiblit notre organisme, diminue nos facultés et abrège la vie. On devient alcoolique en buvant tous les jours des liqueurs fortes, même à petites doses. L'alcoolique viole tous ses devoirs, cause la ruine de sa famille et devient un danger et une charge pour la société.

---

2. — LES BOISSONS

« *L'eau est le seul liquide indispensable à l'organisme.* »

« *Moins une boisson contient d'eau, moins elle désaltère.* »

PLAN

1. — Rôle des boissons.
2. — Action de l'eau.
3. — Classification des boissons.

RÉSUMÉ. — Nous usons de boissons pour calmer notre soif et pour fournir à notre corps l'eau qui entre pour les 4/5 dans sa composition. On distingue les boissons naturelles, comme l'eau et le lait, et les boissons artificielles qui sont aromatiques, fermentées ou distillées.

3. — BOISSONS NATURELLES

« *L'eau est la boisson la plus saine et la plus naturelle pour l'homme* »
« *L'eau n'affaiblit pas et désaltère mieux que tout autre liquide.* »

PLAN

1. — L'eau, la plus saine des boissons.
2. — Qualités de l'eau potable.
3. — Précautions à prendre en temps d'épidémie.
4. — Le lait.

RÉSUMÉ. — L'eau potable est la boisson la plus naturelle et la plus saine. Il faut la filtrer en tout temps et la faire bouillir en temps d'épidémie. Le lait est une boisson excellente et un aliment complet ; on ne doit jamais le boire sans l'avoir fait bouillir.

---

4. — BOISSONS AROMATIQUES

« *Le thé est la meilleure des boissons aromatiques.* »
« *Le maté possède les mêmes qualités que le thé et le café.* »

PLAN

1. — **Le café.**
2. — **Le thé.**
3. — **Le maté.**
4. — **Boissons acidulées : limonades, citronnades, orangeades, sirops de fruits.**

RÉSUMÉ. — Le café, le thé et le maté sont des boissons stimulantes, rafraîchissantes et toniques qui facilitent la digestion. Les limonades, les orangeades et les citronnades rafraîchissent bien et désaltèrent à bon marché. On fabrique maintenant des cidres, des vins et des bières non fermentés.

5. — BOISSONS FERMENTÉES

« *Quand le vin est dans l'homme, la sagesse est dans le flacon.* »

« *L'ivrogne court au-devant de la mort.* »

PLAN

1. — La fermentation.
2. — Le cidre et le poiré.
3. — La bière et le vin.
4. — Usage des boissons fermentées.

RÉSUMÉ. — La fermentation transforme le jus de certains fruits en alcool. Les boissons fermentées, comme le vin, le cidre, la bière, sont hygiéniques à la condition d'être naturelles et d'être prises modérément. L'excès répété de ces boissons produit l'ivresse qui conduit peu à peu à l'alcoolisme. Les principales falsifications du vin sont le vinage et le plâtrage.

---

6. — L'ALCOOL

« *Il n'y a pas de bons alcools.* »

« *L'alcool n'est pas boisson, mais poison.* »

PLAN

1. — D'où provient l'alcool.
2. — La distillation.
3. — Sortes d'alcools : leur composition, leur toxicité.
4. — La rectification.

RÉSUMÉ. — La plupart des substances végétales peuvent fermenter en donnant naissance à de l'alcool et à de l'acide carbonique. On sépare l'alcool des autres liquides par la distillation au moyen d'un alambic. Tous les alcools sont des poisons; les plus dangereux sont ceux de grains, de betteraves et de pommes de terre.

7. LES APÉRITIFS ET LES DIGESTIFS

« *Prendre un apéritif avant le repas, c'est s'ouvrir l'estomac avec une fausse clef.* »

« *Les boissons fortes font les santés faibles.* »

PLAN

1. — **Les spiritueux.**
2. — **Préparation des apéritifs et des digestifs.**
3. — **L'absinthe.**
4. — **Les vrais apéritifs et les meilleurs digestifs.**

Résumé. — Les spiritueux tels que l'eau-de-vie, le cognac, le kirsch et les apéritifs comme le vermouth, les bitters, l'absinthe, sont composés d'alcools industriels et d'essences dangereuses ou bouquets. Les vrais apéritifs comme les meilleurs digestifs sont la sobriété, l'exercice et le séjour au grand air.

---

8. — ACTION DE L'ALCOOL SUR LES ORGANES DIGESTIFS

« *L'alcool n'ouvre pas l'appétit, mais le ferme.* »

« *Il n'est pas d'alcoolique qui ait le foie en bon état.* »

PLAN

1. — **Première sensation produite par l'alcool.**
2. — **Action sur la langue et la gorge.**
3. — **Action sur l'estomac et les intestins.**
4. — **Action sur le foie : la cirrhose.**

Résumé. — L'alcool détruit le sens du goût. Il brûle l'estomac, le rétrécit ou le dilate ; il provoque la gastrite simple ou ulcéreuse et la diminution de l'appétit. Sous son action, le foie tantôt augmente, tantôt diminue de volume ; les principaux signes de son altération sont la jaunisse et l'hydropisie.

9. — ACTION DE L'ALCOOL SUR LES ORGANES DE LA CIRCULATION ET DE LA RESPIRATION

« *La phtisie se prend sur le zinc.* »
« *L'alcool est le pourvoyeur de la phtisie.* »

PLAN

1. — Action sur le sang.
2. — Action sur le cœur.
3. — Action sur les artères.
4. — Action sur le larynx, sur les poumons et sur les reins.

RÉSUMÉ. — L'alcool empoisonne le sang et le rend impropre à nourrir les tissus. Le cœur devient gros, fonctionne mal et se couvre de graisse. Les artères deviennent dures et cassantes et se dilatent sous forme d'anévrismes dont la rupture est souvent mortelle. La voix devient rauque et éraillée ; les poumons se congestionnent ; les reins s'engraissent ou s'atrophient.

---

10. — ACTION DE L'ALCOOL SUR LE SYSTÈME NERVEUX

« *L'abus de l'alcool conduit à la folie.* »
« *L'alcool paralyse le cerveau.* »

PLAN

1. — Action sur le cerveau.
2. — Action sur les nerfs.
3. — Altération des sens.
4. — L'aliénation mentale.

RÉSUMÉ. — L'alcool produit l'hémorragie du cerveau et le ramollissement cérébral. Il paralyse les nerfs, affaiblit la vue et l'ouïe, pervertit le goût et l'odorat et provoque un tremblement persistant et irrésistible de tous les membres. L'alcoolique s'expose aussi à la méningite et à l'aliénation mentale.

11. — PREJUGÉS RELATIFS A L'ALCOOL

« *L'alcool n'est pas un aliment.* »

« *Méfiez-vous du petit verre, il tue l'âme et le corps.* »

PLAN

1. — L'alccool ne fortifie pas.
2. — L'alcool ne réchauffe pas.
3. — L'alcool n'est pas un aliment.
4. — L'alcool n'est pas ùn apéritif ni un digestif.

RÉSUMÉ. — L'alcool excite comme le coup de fouet, mais ne fortifie pas. S'il produit une sensation de brûlure, elle est immédiatement suivie d'un abaissement de température du corps. Il ne nourrit pas ni ne facilite pas la digestion, puisqu'il pénètre rapidement en nature dans nos organes d'où il ne s'élimine que lentement.

II. — Partie morale.

12. — L'ALCOOL DÉTRUIT LA SENSIBILITÉ

« *L'alcoolique devient insensible à toute espèce de sentiments.* »

« *L'alcoolisme est l'école du crime.* »

1. — L'alcoolique perd le sentiment de sa dignité personnelle.
2. — L'alcoolique manque à ses devoirs envers sa famille.
3. — L'alcoolique manque à ses devoirs envers ses semblables.
4. — Les passions de l'alcoolique.

RÉSUMÉ. — L'alcoolique perd le sentiment de sa dignité personnelle et manque à tous ses devoirs envers sa famille et envers ses semblables. Il devient fantasque et irritable. Son égoïsme le laisse insensible aux souffrances et aux misères des autres et ses passions le conduisent aux pires violences.

13. — L'ALCOOL DÉTRUIT L'INTELLIGENCE

« L'abus de l'alcool conduit à l'aliénation mentale. »
« L'ivrogne a moins de raison que l'animal. »

PLAN

1. — Excitation intellectuelle.
2. — Perte de la mémoire.
3. — Perte de la raison.
4. — La folie.

RÉSUMÉ. — Chez l'alcoolique, l'intelligence s'éteint, la mémoire se perd et la raison fait place à l'idée fixe qui tourne au délire et parfois au délirium trémens. Enfin sa vie se termine le plus souvent par la folie ou le suicide.

---

14. — L'ALCOOL DÉTRUIT LA VOLONTÉ

« Qui a bu boira. »
« L'alcoolisme est un esclavage d'un nouveau genre. »

PLAN

1. — Perte de l'énergie morale.
2. — Perte de la volonté.
3. — Oubli des promesses.
4. — L'alcoolique est l'esclave de ses mauvais penchants.

RÉSUMÉ. — L'alcoolique manque d'initiative et de persévérance. Il n'a plus d'énergie morale et ne peut résister à sa funeste passion ; c'est plus fort que lui, il faut qu'il boive. Il oublie ses promesses, dévoile ses secrets et devient l'esclave de ses mauvais penchants.

15. — ACTION DE L'ALCOOL SUR LA FAMILLE

« *L'ivrogne est le bourreau de sa famille.* »

« *L'alcoolique boit les larmes, le sang, la vie de sa femme et de ses enfants.* »

PLAN

1. — L'alcoolique manque à tous ses devoirs de père de famille.
2. — Intérieur de la maison de l'alcoolique.
3. — Les dépenses de l'alcoolique.
4. — La descendance de l'alcoolique.

RÉSUMÉ. — L'alcoolique manque à tous ses devoirs de père de famille. Il n'aime pas les siens et souvent les martyrise. Il introduit la tristesse, la misère et parfois la honte au foyer domestique. Ses descendants sont atteints d'épilepsie, de rachitisme, d'idiotisme et deviennent pour la plupart des déséquilibrés.

III. — Partie économique.

16. — L'ALCOOL ET LES MALADIES

« *L'alcoolique est un mauvais malade.* »

« *L'alcoolisme est une vieillesse anticipée.* »

PLAN

1. — L'alcool prédispose aux maladies.
2. — L'alcoolique est un mauvais malade.
3. — L'alcoolique est un mauvais blessé.

RÉSUMÉ. — L'alcool diminue la résistance vitale et prédispose à toutes les maladies inflammatoires et contagieuses et notamment à la tuberculose. L'alcoolique est un mauvais malade et un mauvais blessé : il guérit plus difficilement que l'abstinent.

17. — L'ALCOOL ET LA MORTALITÉ

« *L'ivrogne creuse sa propre fosse.* »
« *L'alcool tue plus d'hommes que l'épée.* »

PLAN

1. — L'alcool abrège l'existence.
2. — L'alcool et le suicide.
3. — L'alcool et les morts accidentelles.

RÉSUMÉ. — L'alcool abrège l'existence : on a constaté que les abstinents vivent plus longtemps que les buveurs, même modérés. Le nombre des suicides augmente avec la consommation de l'alcool. Le buveur est exposé à une foule d'accidents : chutes, mort subite, etc. Il devient dangereux pour ceux qui l'entourent et se confient à lui.

---

18. — CONSOMMATION DE L'ALCOOL

« *La France boit plus d'absinthe que tous les autres pays du monde réunis.* »
« *L'absinthe est la plus funeste des boissons alcooliques.* »

PLAN

1. — Consommation de l'alcool en France.
2. — Consommation de l'alcool à l'étranger.
3. — Consommation de l'absinthe.
4. — L'alcoolisme aujourd'hui et autrefois.

RÉSUMÉ. — La France est le pays où l'on boit le plus d'alcool et où la consommation continue à s'accroître. Actuellement, cette consommation s'élève en moyenne par habitant et par an à 4 l. 885 d'alcool correspondant à environ 11 litres d'eau-de-vie. Nous buvons aujourd'hui un alcool plus toxique qu'autrefois et en plus grande quantité.

19. — CE QUE COUTE L'ACOOLISME A LA FRANCE

« *L'alcoolisme est un fléau pour notre pays.* »

« *La tempérance est la source de la richesse.* »

PLAN

1. — Recettes produites par l'alcool.
2. — Effets sur la richesse publique.
3. — Dommage moral.
4. — L'alcool chasse le vin.

RÉSUMÉ. — L'alcool est le grand pourvoyeur des prisons et de l'échafaud. Les 2/3 des délits et des crimes sont dus à des buveurs d'alcool. Le nombre des aliénés s'accroît en même temps que la consommation de l'alcool. On évalue à un milliard et demi la perte causée annuellement à la France par l'alcoolisme.

---

20. — MOYENS DE COMBATTRE L'ALCOOLISME

« *La tempérance conduit une nation vers un siècle d'or.* »

« *Combattre l'ivrognerie, c'est faire acte de patriotisme et d'humanité.* »

PLAN

1. — Pourquoi on boit de l'alcool.
2. — Action de la famille et des sociétés de tempérance.
3. — Résultats acquis à l'étranger.
4. — Le devoir des Français.

RÉSUMÉ. — Je fuirai l'alcool comme la peste. J'éviterai la fréquentation des cabarets et je ferai partie d'une société de tempérance. J'userai modérément des boissons fermentées. Je remplacerai par une bonne soupe l'usage du petit verre qui est un besoin factice et tyrannique.

DÉCLARATION DES DROITS DE L'HOMME ET DU CITOYEN

1. — HISTORIQUE

de la Déclaration des droits de l'homme et du citoyen

1. — Avant 1789.	Rien que des traditions, des coutumes, de l'arbitraire. Diversité des situations dans les provinces. Efforts tentés pour la liberté : les communes, l'Angleterre.
2. — Sa préparation.	Ecrits des philosophes : Rousseau, Voltaire, Montesquieu. Cahiers de 1789. Déclaration des Etats-Unis (1776) moins claire, moins complète, moins généreuse.
3. — Discussion et vote.	Nécessité d'une Déclaration. Son vote, le 26 août 1789. Acceptation du roi en octobre 1789.
4. — Après 1789.	Lutte des partisans entre l'ancien et le nouveau régime. Rôle des divers gouvernements pendant le XIXe siècle. La France a établi « le gouvernement des hommes par la raison ».

« La Déclaration des droits de l'homme et du citoyen est la chose la plus sublime qui soit sortie d'une assemblée politique. »

2. — PRÉAMBULE

de la Déclaration des droits de l'homme et du citoyen

Les Représentants du Peuple français, constitués en Assemblée nationale, considérant que l'ignorance, l'oubli ou le mépris des droits de l'homme sont les seules causes des malheurs publics et de la corruption des gouvernements, ont résolu d'exposer, dans une Déclaration solennelle, les droits naturels, inaliénables et sacrés de l'homme, afin que cette déclaration, constamment présente à tous les membres du corps social, leur rappelle sans cesse leurs droits et leurs devoirs ; afin que les actes du pouvoir législatif et ceux du pouvoir exécutif, pouvant être à chaque instant comparés avec le but de toute institution politique, en soient plus respectés ; afin que les réclamations des citoyens, fondées désormais sur des principes simples et incontestables, tournent toujours au maintien de la Constitution et au bonheur de tous.

En conséquence, l'Assemblée nationale reconnait et déclare, en présence et sous les auspices de l'Etre suprême, les droits suivants de l'homme et du citoyen.

1. — Idées principales.	Méconnaissance des droits de l'homme. Droit de contrôle du peuple.
2. — Les droits de l'homme sont	Naturels. Inaliénables. Sacrés.
3 — Nécessité de connaître les principes de 1789.	Rappel constant des droits et des devoirs. Appréciation raisonnée des actes des gouvernants. Réclamations légitimes des citoyens.

« La Déclaration des droits de l'homme et du citoyen est la préface de toute constitution. »

3. — ARTICLE 1er

Les hommes naissent et demeurent libres et égaux en droits. Les distinctions sociales ne peuvent être fondées que sur l'utilité commune.

1° La liberté.	L'esclavage et le servage d'autrefois. La domesticité d'aujourd'hui. Exemples d'atteinte à la liberté.
2° L'égalité.	Egalité devant les charges et les emplois publics. Suppressions de tous les privilèges. Inégalités naturelles.
3° Les distinctions sociales.	Nécessité de la hiérarchie dans la société. Devoir du gouvernement pour le choix des fonctionnaires. Devoir du citoyen pour le choix des mandataires.

« *Le mérite seul établit une différence entre les hommes.* »

« *Le droit d'aînesse était la première injustice sociale.* »

4. — ARTICLE 2.

Le but de toute association politique est la conservation des droits naturels et imprescriptibles de l'homme. Ces droits sont la liberté, la propriété, la sûreté et la résistance à l'oppression.

1° *Nécessité de l'association.*	L'homme isolé ne peut jouir de ses droits. Exploitation plus fructueuse du patrimoine de l'humanité.
2° *La liberté.*	En quoi consiste la liberté individuelle. Condamnation des lettres de cachet.
3° *La propriété.*	En quoi consiste la propriété. Atteintes à la propriété autrefois.
4° *La sûreté.*	Garantie du présent et de l'avenir. Source de l'initiative et du progrès.
5° *L'oppression.*	La tyrannie et l'arbitraire justifient la résistance. En pays libre, le bulletin de vote est la seule arme permise.

« Le bulletin de vote est la meilleure arme entre les mains des bons citoyens »

« Il y a oppression contre le corps social lorsqu'un seul de ses membres est opprimé. »

5. — ARTICLE 3.

Le principe de toute souveraineté réside essentiellement dans la nation; nul corps, nul individu ne peut exercer d'autorité qui n'en émane expressément.

1° *La nation est majeure.*	Déclaration de Philippe Pot en 1483. La société n'a d'autre maître qu'elle. Dangers de se livrer à un dictateur.
2° *Le prétendu droit souverain.*	Contraire au bon sens et à la raison. Paroles de François Ier, de Louis XIV, de Louis XVI. Droit de la nation.
3° *Délégation de la souveraineté nationale.*	Corps constitués directement ou indirectement Pas de pouvoir héréditaire. Pas d'autorité à vie.
4° *Abus de pouvoir*	Les fonctionnaires sont les serviteurs de la nation. Ils ne jouissent d'aucun privilège en dehors de leurs attributions. Leur pouvoir est nettement défini par la loi.

« *Le peuple est le seul souverain.* »

6. — ARTICLE 4.

La liberté consiste à pouvoir faire tout ce qui ne nuit pas à autrui. Ainsi l'exercice des droits naturels de chaque homme n'a de bornes que celles qui assurent aux autres membres de la société la jouissance de ces mêmes droits; ces bornes ne peuvent être déterminées que par la loi.

1° *Nécessité de limiter la liberté.*	La liberté ne permet pas de faire tout ce que l'on veut. Sans limites, la liberté ferait régner le droit du plus fort. En quoi consiste la vraie liberté.
2° *Bornes naturelles de la liberté.*	Notre liberté ne peut s'exercer au détriment de celle des autres. Nous devons tous respecter réciproquement notre liberté. Notre liberté s'arrête où commence celle des autres.
3° *La loi déterminée les limites de la liberté.*	Nous ne pouvons déterminer nous-même les bornes de notre liberté. Nécessité d'établir une règle unique par tous et pour tous. Rôle de la loi.

« ***Ma liberté commence où finit celle de mon voisin.*** »

7. — ARTICLE 5.

La loi n'a le droit de défendre que les actions nuisibles à la Société. Tout ce qui n'est pas défendu par la loi ne peut être empêché, et nul ne peut être contraint à faire ce qu'elle n'ordonne pas.

1° *La loi morale et les lois sociales.*	La loi morale interdit ce qui nuit à autrui et ce qui blesse notre dignité. Les lois politiques ne défendent que les actions nuisibles à la Société.
2° *Tout acte punissable n'est pas toujours visé par la loi*	La loi doit se modifier suivant les progrès de la civilisation. Danger des pénalités arbitraires.
3° *L'obligation morale et l'obligation légale.*	La morale nous prescrit des devoirs de justice et de charité. La loi ne peut nous dicter que des devoirs de justice.

« La loi ne peut défendre que les actions nuisibles à la Société »

« La loi nous dicte nos devoirs de justice, la conscience, nos devoirs de charité. »

8. — ARTICLE 6.

La loi est l'expression de la volonté générale; tous les citoyens ont le droit de concourir personnellement, ou par leurs représentants, à sa formation. Elle doit être la même pour tous, soit qu'elle protège, soit qu'elle punisse. Tous les citoyens étant égaux à ses yeux, sont également admissibles à toutes dignités, places et emplois publics, selon leur capacité, et sans autres distinctions que celles de leurs vertus et de leurs talents.

1° *Caractère de la loi.*	La loi doit émaner du peuple qui est souverain. Devoir de la minorité. La loi n'est pas immuable.
2° *Formation de la loi.*	Impossibilité de réunir tous les citoyens pour faire la loi. Nécessité de choisir des mandataires. Le droit de déléguer un mandataire appartient à tous.
3° *Egalité devant la loi.*	Elle punit ou protège sans distinction. La culpabilité varie avec le rang occupé dans la société. Criantes inégalités dans l'application de la justice d'autrefois.
4° *Egalité devant les dignités et emplois publics.*	Les emplois et dignités aux plus dignes et aux plus capables. Devoirs des gouvernants et des gouvernés. Trafic des emplois sous l'ancien régime.

« *Tous les citoyens sont égaux devant la loi.* »

9. — ARTICLE 7.

Nul homme ne peut être accusé, arrêté, ni détenu, que dans les cas déterminés par la loi, et selon les formes qu'elle a prescrites. Ceux qui sollicitent, expédient, exécutent ou font exécuter des ordres arbitraires, doivent être punis. Mais tout citoyen appelé ou saisi en vertu de la loi doit obéir à l'instant, il se rend coupable par la résistance.

1° Garanties de la loi.	Précautions qui entourent l'accusation, l'arrestation, la détention. Les lettres de cachet d'autrefois. Les erreurs judiciaires : réhabilitation et dédommagement.
2° Les ordres arbitraires.	Ce qu'on entend par l'arbitraire. Maux causés par l'arbitraire sous l'ancien régime. Droit de ne pas obéir à un ordre arbitraire.
3° Devoir du citoyen appelé ou saisi en vertu de la loi.	Obéissance aux ordres édictés au nom de la loi Toute résistance serait coupable et inutile. Possibilité de recouvrer la liberté momentanément perdue.

« *Les formes sont les garanties de la liberté.* »

10. — ARTICLE 8.

La loi ne doit établir que des peines strictement et évidemment nécessaires, et nul ne peut être puni qu'en vertu d'une loi établie et promulguée antérieurement au delit et légalement appliquée.

1° Caractères de la répression.	Elle empêche de nuire. Ce n'est pas une vengeance. Elle avertit ceux qui voudraient mal faire. Elle est proportionnée à la faute. — Tortures d'autrefois.
2° La loi n'a pas d'effet rétroactif.	Ce qu'on appelle promulgation d'une loi. Effet rétroactif d'une loi. Dangers des lois de circonstance.
3° Application légale de la loi.	Formes légales pour l'accusation, l'arrestation, le jugement. Révision des jugements par voie d'appel. Rôle de la Cour de Cassation.

« *Toute peine est proprtionnée à la gravité de la faute.* »

11. — ARTICLE 9.

Tout homme étant présumé innocent jusqu'à ce qu'il ait été déclaré coupable, s'il est indispensable de l'arrêter, toute rigueur qui ne serait pas nécessaire pour s'assurer de sa personne doit être sévèrement réprimée par la loi.

1° *Tout accusé est présumé innocent.*	Un prévenu n'est pas un condamné. Le lynchage aux Etats-Unis. Les tortures d'autrefois pour obliger à faire des aveux.
2° *La prison préventive.*	Nécessité de l'arrestation préventive. Usage des menottes, de la chaîne. Pas d'insultes ni de mauvais traitements.
3° *La liberté provisoire.*	L'arrestation peut être remplacée par la surveillance. Ce qu'on entend par liberté provisoire. Dépôt, en garantie, d'une caution.

« *Un prévenu n'est pas un condamné.* »

12. — ARTICLE 10.

Nul ne doit être inquiété pour ses opinions, même religieuses, pourvu que leur manifestation ne trouble pas l'ordre établi par la loi.

1° La liberté de conscience.	Liberté de pratiquer ou non une religion. Respect de toutes les croyances sincères. Le culte dominant ne peut s'imposer.
2° Le droit à l'erreur	L'erreur n'est pas un crime. Elle constitue, quand elle est sincère, un droit et un devoir. Il ne faut pas partager l'erreur, mais la respecter.
3° Atteintes historiques à la liberté de conscience.	Les Chrétiens. — Les Albigeois. — Les Vaudois. Les Camisards. - Les Juifs. - Les protestants. Serment des rois à leur sacre d'exterminer les hérétiques.
4° Manifestations du culte.	Exemples : processions, pèlerinages. Cas dans lesquels on les interdit.

« *Toutes les opinions sont respectables quand elles sont sincères.* »

13. — ARTICLE 11.

La libre communication des pensées et des opinions est un des droits les plus précieux de l'homme ; tout citoyen peut donc parler, écrire, imprimer librement, sauf à répondre de l'abus de cette liberté dans les cas déterminés par la loi.

1° Communication des pensées.	Complément de la liberté de penser et de croire. Droit de pouvoir répandre ses pensées. Le cabinet noir sous l'ancien régime.
2° Moyens de communiquer ses pensées.	Par la parole : liberté de réunion. Par la plume : liberté de la presse. La censure d'autrefois.
3° Limites de la liberté de réunion et de la presse.	Respect du droit des autres. La loi détermine les excès punissables. Choix des journaux ; ne pas croire tout ce qu'ils disent.

« On peut communiquer sa pensée par la parole et par la plume. »

14. — ARTICLE 12.

La garantie des droits de l'homme et du citoyen nécessite une force publique; cette force est donc instituée pour l'avantage de tous, et non pour l'utilité particulière de ceux auxquels elle est confiée.

1° Nécessité de la force publique	Le règne de la justice et de la fraternité n'est pas encore arrivé. Rôle de l'armée et de la marine. Rôle de la police et de la gendarmerie.
2° Rôle de la force publique.	Sauvegarde de notre liberté et de notre indépendance. Protectrice de la loi, du droit, de la justice. Peut devenir un moyen d'oppression.
3° Les Coups d'Etat.	Acte révolutionnaire qui viole la loi. Les Coups d'État de Napoléon Ier et de Napoléon III. Conséquences pour la France.

« La force publique est instituée pour l'avantage de tous. »

15. — ARTICLE 13.

Pour l'entretien de la force publique et pour les dépenses d'administration une contribution commune est indispensable; elle doit être également répartie entre tous les citoyens, en raison de leurs facultés.

1° Nécessité d'une contribution commune.	**Dépenses de l'Etat.** **Obligation pour tous de contribuer à ces dépenses.** **Point de privilégiés devant l'impôt.**
2° Egalité devant l'impôt.	**Ce qu'on entend par une contribution commune.** **Manière de répartir l'impôt.** **Privilège accordé autrefois à la noblesse et au clergé.**

« *Point de privilégiés devant l'impôt.* »

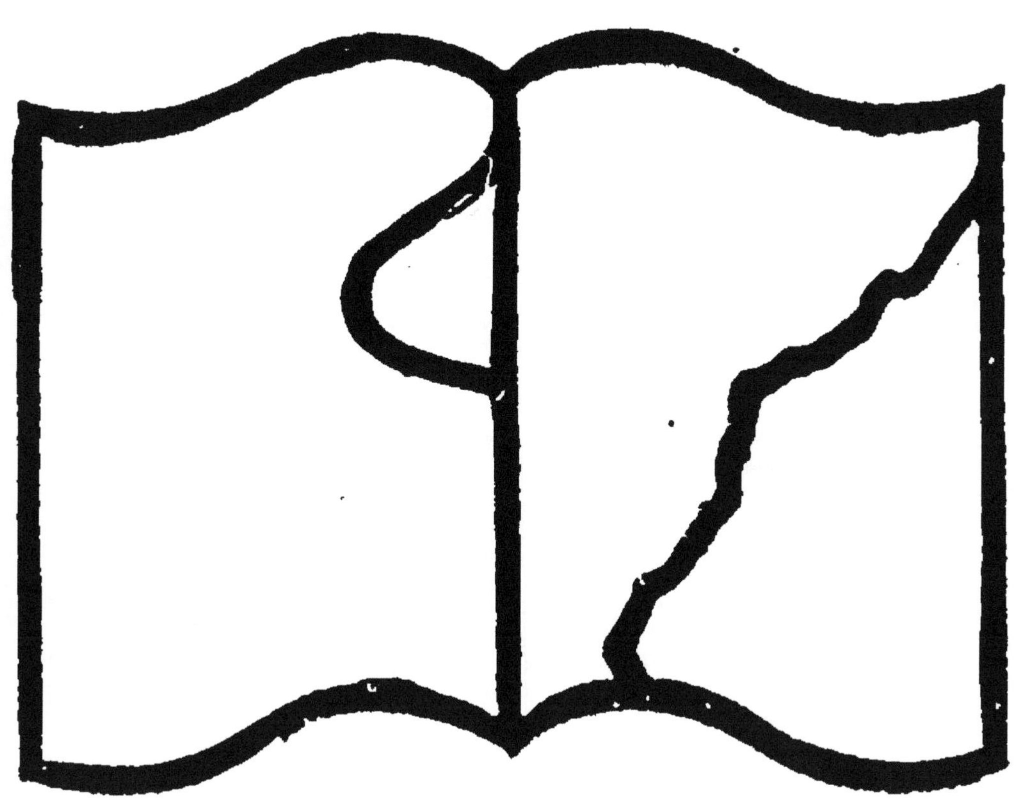

Texte détérioré — reliure défectueuse

16. — ARTICLE 14.

Les citoyens ont le droit de constater par eux-mêmes ou par l représentants, la nécessité de la contribution publique, de la conse librement, d'en suivre l'emploi, d'en déterminer la quotité, l'assiette recouvrement et la durée.

1° Les citoyens doivent constater la nécessité de l'impôt.	Les citoyens s'intéressent à l'importance à la destination de l'impôt. La contribution publique est examinée les mandataires du peuple.
2° L'impôt doit être établi librement.	Libre choix des représentants du peuple. Tout impôt doit être voté par le Parleme
3° Contrôle des dépenses publiques.	Pas de malversations ni de gaspillages. Contrôle de la Cour des comptes.
4° Quotité.	Base de répartition entre les contribuables
5° Assiette.	Objets que frappe l'impôt et règles d'ap lesquelles il est établi.
6° Recouvrement.	Manière dont l'impôt est perçu.
7° Durée.	Temps pendant lequel l'impôt est perçu.

« *L'impôt est voté par les représentants du peuple.* »

17. — ARTICLE 15.

Société a le droit de demander compte à tout agent public de son inistration.

des agents publics.	Délégués du pouvoir souverain. Ils doivent être intègres, consciencieux, dévoués. L'intérêt général doit passer avant leur intérêt particulier.
Devoirs des représentants.	Ils doivent demander des comptes aux agents publics. Droit d'interpellation sur les actes ministériels. Retrait de la confiance aux fonctionnaires incapables ou indignes.
oits des citoyens	Tout citoyen peut parler ou écrire sur la manière dont un fonctionnaire exerce ses fonctions ; mais il ne doit pas s'occuper de lui en tant qu'homme privé.

« *Les employés de l'État sont les serviteurs du pays.* »

18. — ARTICLE 16.

Toute Société dans laquelle la garantie des droits n'est pas assurée, ni la séparation des pouvoirs déterminée, n'a point de Constitution.

1° Qualités principales d'une bonne Constitution.	Règle nettement le rôle de l'individu et de l'Etat. Garantit les droits des citoyens. Etablit la séparation des pouvoirs.
2° Attributions des trois pouvoirs.	Le pouvoir législatif fait les lois. Le pouvoir exécutif les fait appliquer. Le pouvoir judiciaire en punit la violation.
3° Action des trois pouvoirs.	Indépendance complète de chaque pouvoir. Pas d'empiètement d'un pouvoir sur un autre. Autrefois, le roi disposait des trois pouvoirs.

« *La Constitution est la loi qui organise le gouvernement d'un pays.* »

19. — ARTICLE 17.

La propriété étant un droit inviolable et sacré, nul ne peut en être privé, si ce n'est lorsque la nécessité publique, légalement constatée, l'exige évidemment, et sous la condition d'une juste et préalable indemnité.

1° Origine de la propriété.	La propriété a son origine dans le travail de l'homme ; elle vient donc de son activité et de sa liberté.
2° La propriété est inviolable et sacrée.	La propriété est une des formes de la liberté. Autrefois, tous les biens des sujets appartenaient au roi. Aujourd'hui, tout préjudice causé aux propriétaires leur est payé.
3° Limites du droit de propriété.	On peut disposer de ses biens en respectant la loi. Droits féodaux supprimés en raison de leur injustice. L'expropriation.
4° Expropriation.	L'intérêt général prime tous les intérêts particuliers. Le Jury d'expropriation. Indemnité préalable avant l'expropriation.

« *La propriété est le droit de posséder des biens et d'en disposer à sa volonté.* »

20. — CONCLUSION

1° *Ce que comprend la Déclaration.*	Définition du citoyen. Enumération des droits naturels. Affirmation de la souveraineté nationale. Définition du gouvernement représentatif.
2° *Principe fondamental sur lequel elle s'appuie.*	La Raison qu'elle oppose à l'Autorité. N'impose pas de dogmes. Invite à réfléchir, à juger
3° *Caractère.*	Elle n'est pas *immuable*. Elle fortifie le patriotisme. Elle pousse à la fraternité des hommes et des peuples.
4° *Pourquoi on l'étudie dans les écoles.*	Vœu d'un Constituant (17 août 1789) pour former des hommes libres, capables de résister au despotisme. Eclaire les intelligences, élève les cœurs, forme les volontés. C'est à la fois un point d'appui solide et une force impulsive.

« *Les principes de 1789 constituent notre catéchisme national et la charte de l'humanité.* »

NOTE

Chaque leçon de morale est suivie d'une demi-page blanche pour permettre à l'élève d'ajouter soit d'autres maximes ou d'autres résolutions, soit l'indication de nouvelles lectures ou même une leçon supplémentaire que le maître jugerait utile de faire figurer sur cet opuscule.

Ouvrages particulièrement recommandés pour la préparation des leçons :

1. — *Manuel d'éducation morale, civique et sociale* par E. PRIMAIRE, Bibliothèque d'éducation, 15, Rue de Cluny, Paris (5e) — PRIX : 1 fr. 30.

2. — *Cours de morale,* par J. PAYOT, Librairie A. Colin, 5, Rue de Mézières, Paris (6e). — PRIX : 2 fr. 50.

3. — *Livret de la Déclaration des Droits de l'homme et du citoyen,* par A. BELOT et A. BERTRAND, Librairie Ch. Delagrave, 15, Rue Soufflot, Paris (5e). — Prix : 0 fr. 30.

www.ingramcontent.com/pod-product-compliance
Ingram Content Group UK Ltd.
Pitfield, Milton Keynes, MK11 3LW, UK
UKHW012235240726
13966UKWH00003B/1107

9 782011 946423

ÉTUDES ET DOCUMENTS SUR LA GUE

Le pangermanis

Ses plans d'expansion allemand
dans le monde

par

CH. ANDLER

Professeur à l'Université de Paris

LIBRAIRIE ARMAND CO

103, Boulevard Saint-Michel, PARIS, 5

Prix : 0 fr. 60

ÉTUDES ET DOCUMENTS SUR LA GUERRE

Le Pangermanisme

Ses plans d'expansion allemande dans le monde

par

CH. ANDLER

Professeur à l'Université de Paris

LIBRAIRIE ARMAND COLIN

103, Boulevard Saint-Michel, PARIS, 5e

1915

TABLE DES MATIÈRES

APPENDICE

LE PANGERMANISME

SES PLANS D'EXPANSION ALLEMANDE DANS LE MONDE

AVANT-PROPOS

Les intellectuels allemands, pour disculper l'Allemagne, allèguent les preuves nombreuses que Guillaume II, au cours de vingt-cinq ans de règne, a données de son attachement à la paix. On ne discutera pas ici la sincérité des assurances pacifiques où s'est complu souvent l'Empereur allemand. Nous ne méconnaissons pas qu'en échange de l'Alsace-Lorraine, Guillaume II ne nous ait envoyé plus d'une fois des couronnes mortuaires, des gerbes de fleurs ou des télégrammes de condoléances, quand mourait un maréchal de France, quand périssait un sous-marin français, ou quand il y avait une catastrophe de ballon dirigeable. Le gouvernement français avait coutume, en termes convenables, de remercier l'Empereur de ces courtoisies. Plus utilement, Guillaume II avait envoyé une équipe de sauveteurs lors du coup de grisou de Courrières. En revanche, nous avions sacrifié la vie de plusieurs soldats français, lors de l'incendie du palais d'Été à Pékin, pour sauver l'existence précieuse du feld-maréchal de Waldersee. Nous croyons assez que la diplomatie allemande pendant longtemps n'a pas voulu la guerre avec la France; ou du moins elle n'a pas voulu que la guerre avec la France fût sa première guerre. N'a-t-elle voulu aucune guerre? C'est là une autre question. Et dans quelques-unes de ces guerres n'a-t-elle pas souhaité que nous fussions à ses côtés? Que nous serait-il arrivé plus tard si, restant à l'écart, quand l'Allemagne prendrait à partie nos alliés ou nos amis, nous les avions laissé écraser seuls? et quelle résistance même passive aurions-nous pu encore offrir à quelques-unes des plus indiscrètes ambitions de l'Allemagne? Voilà ce qui a dû nécessairement préoccuper l'opinion française éclairée, quand elle a soutenu, d'une volonté unanime, le gouvernement de la République, décidé à rester fidèle à ses alliances. Mais pour comprendre cet état de l'opinion française, il faut définir les principales de ces ambitions allemandes. Elles sont d'origine multiple. Elles sont des reviviscences d'idées vieilles. Beaucoup ont cheminé obscurément dans des rêves ou des calculs de savants; d'autres ont été prêchées bruyamment dans les réunions publiques; elles sont devenues le programme des Ligues fanatiques dont l'effort d'agitation ou de « régénération » n'a pas cessé depuis vingt-cinq ans. Dans une atmosphère de rêves mégalomanes s'échangeaient ainsi, sans discontinuité, les suggestions ambitieuses. Les dirigeants allemands ont-ils été gagnés par ces suggestions? En un temps où toute l'Allemagne était préoccupée de « faire grand », où la vie berlinoise notamment ne connaissait plus que les proportions démesurées, le gouvernement n'a-t-il pas lui-même encouragé ces calculs d'ambition forcenée? L'histoire, plus tard, aura des preuves décisives. La diplomatie en a déjà; et l'opinion publique peut saisir dès maintenant des indices certains. On a tâché ici d'en relever quelques-uns.

I

PREMIERS SYMPTÔMES DE PANGERMANISME AGISSANT

Symptômes de pangermanisme dans le *Neuer Kurs* dès l'avènement de Guillaume II. — Que se proposait le gouvernement allemand, à l'avènement de Guillaume II? En quoi le *Neuer Kurs*, le « Nouveau Cours », différait-il du régime bismarckien? Les professions de foi officielles sont cérémonieuses et suspectes. Nous en prendrons une officieuse. Nous l'emprunterons au livre anonyme, mais inspiré de la *Wilhelmstrasse*, par lequel le *Neuer Kurs* a essayé de se justifier. Ce livre, *Berlin-Wien-Rom, Betrachtungen über den neuen Kurs und die europäische Lage* (1892), est d'un publiciste national-libéral notoire, Julius von Eckardt. Nous avons connu l'auteur comme un homme distingué et très religieux. Il aimait la France et regrettait, comme une faute, l'annexion de l'Alsace-Lorraine par l'Allemagne. Il n'est pa possible de trouver un apologiste plus modéré du *Neuer Kur* que ce publiciste, qui dirigea de longues années le bureau de la presse au Ministère allemand des Affaires étrangères. Si nous ne pouvons écouter sans appréhension ce chrétien intègre exposer la notion qu'il s'est faite de la mission allemande, et qu'il a ordre d'exposer officieusement, que faudra-t-il attendre des ambitieux vulgaires décidés à flatter soit l'opinion des foules, soit la manie d'un maître en quête de popularité? (1). Voyons comment Julius von Eckardt décrit les ambitions du nouveau régime impérial.

(1) Mais il nous faut ajouter que Julius von Eckardt était un Balte; que, depuis son émigration, il a vécu avec l'espérance d'une guerre entre l'Allemagne et la Russie. destinée à venger les Allemands de la Baltique d'une russification qui souvent fut un peu vive. Et il importe assez que le service de presse de la *Wilhelmstrasse* ait été, pendant

L'Allemagne veut fonder une union douanière et militaire des États de l'Europe centrale (1).

« Parce que dans les dernières années du régime précédent (c'est-à-dire du règne de Guillaume Ier), il n'y avait pas eu de litige avec la Russie, on croyait en Allemagne qu'il ne pourrait plus jamais s'en produire à l'avenir; et parce qu'il avait été possible, pendant un temps, de laisser l'Autriche-Hongrie pourvoir elle-même à ses affaires orientales, les choses devaient en rester là à tout jamais » (2).

La moyenne opinion cultivée en Allemagne, admettait comme programme et comme limite de l'action allemande en Orient :

« 1° La porte ouverte sur les marchés de la péninsule balkanique et des garanties contre le débordement russe;

« 2° A la rigueur, une mainmise sur la Serbie, qui la faisait entrer dans la sphère d'influence de la puissance et de l'économie autrichiennes.

« En dehors de cette limite, on ne voulait pas engager l'Empire. Les transformations de la Bulgarie ou de la Roumélie du Sud, pensait-on, « ne nous regardent pas, nous autres Allemands » (3).

Or c'est ce vieux préjugé libéral, dit von Eckardt, qu'il fallait déraciner :

« La *vieille Prusse*, qui luttait pour les assises de son existence, pouvait considérer la Russie comme une alliée naturelle, parce qu'elle était entourée d'ennemis et de jaloux, et parce que l'Empire ascendant des tsars lui fournissait un appui approprié contre l'arrogante monarchie des Habsbourg.... Les intérêts de l'*Empire allemand* doivent être évalués d'après des idées différentes et plus élevées (4).

de longues années, entre de telles mains. On comprendra mieux aussi de la sorte les manifestations récentes des professeurs Adolf von Harnack et Ostwald, et la longue et haineuse propagande du professeur Schiemann. Ils sont tous, eux aussi, des Allemands de la Baltique.

(1) C'est nous qui ajoutons ce titre. Il ne figure pas dans le texte de Julius von Eckardt, mais résume parfaitement sa pensée.

(2) *Berlin-Wien-Rom*, p. 38.

(3) *Ibid.*, p. 40.

(4) *Ibid.*, p. 59.

« *Noblesse oblige*, et la grande situation allemande et européenne que nous avons conquise nous impose des devoirs allemands et européens qui n'existaient pas pour la vieille Prusse, tant qu'elle n'était qu'un État moyen. Une politique allemande, qui ferait de l alliance russe sa base principale, ne vaudrait pas mieux que la politique de la France actuelle, qui est disposée à livrer l'Europe à la Russie, pourvu qu'on lui offre en échange la restitution de l'Alsace-Lorraine » (1).

L'Europe, continue-t-il, était divisée par les ambitions rivales : par une politique balkanique des Russes qui contrecarrait les desseins de l'Autriche; par un ressentiment inguérissable de la France. Russie et France, d'ailleurs, s'enfermaient économiquement derrière des tarifs protecteurs très élevés. Le bill Mac Kinley mettait l'Europe entière en présence d'une Amérique du Nord à son tour cuirassée contre la concurrence industrielle européenne. Il fallait donc, pensait von Eckardt, organiser l'Europe.

« Mais que restait-il de l'Europe, si la Russie et la France suivaient des chemins à part, et si l'Angleterre se retirait sur elle-même et sur les marchés de son immense domaine colonial? Il n'en restait que les États de l'Europe centrale, et seulement s'ils s'unissaient en un domaine économique assez étendu pour pouvoir suivre une politique douanière indépendante....

« S'il était possible de donner à la Triple-Alliance une autre base que celle des nécessités politiques et militaires du moment présent; si l'on voulait lui donner un caractère durable, on ne le pouvait qu'en intéressant économiquement les *nations* alliées à maintenir le système suivi politiquement par les gouvernements.... Il s'ouvrait alors une perspective qui pouvait être d'une immense signification pour l'avenir de toute notre politique et de notre situation européenne (2).

« L'établissement, pour une longue série d'années, d'une alliance à la fois politique et économique, entre les trois monarchies de l'Europe Centrale, pouvait *devenir le point de départ d'un nouveau système européen*. Si les trois États dirigeants formaient ensemble un rempart, qui, durablement, refoulerait de l'Europe Centrale les invasions venues de l'Est ou de l'Ouest, l'*adhésion des autres puissances était à prévoir avec une certitude approximative*. L'Alle-

(1) *Berlin-Wien-Rom*, p. 89.
(2) *Ibid.*, p. 109.

magne, par surcroît, était désormais en mesure de désarmer l'aversion et la méfiance de ses voisins par une grande entreprise de civilisation (*Kulturveranstaltung*). Une grande Union douanière, créée sur l'initiative allemande, démontrait au monde avec une force irréfutable que la fondation de l'Empire allemand avait été une nécessité et un bienfait pour l'Europe. Si nous fournissions la preuve effective que la réunion en faisceau de nos forces nationales nous avait rendus capables de résoudre de grands problèmes de civilisation (*Kulturaufgaben*), on ne pouvait plus nous reprocher que la grande œuvre allemande de 1870 n'eût conduit qu'à des armements universels, au service militaire universel, et à un raffinement de militarisme, qui suçait la moelle des os de tous les peuples (1).

« La Triple-Alliance, créée pour prévenir la guerre, devenait un instrument au service des intérêts de la paix. Cette transformation devait profiter autant aux fins prochaines de la Triple-Alliance qu'à sa position européenne. Rien ne pouvait plus utilement amener cette transformation que l'établissement d'une *organisation douanière ouverte à tous les peuples amis*. Rien ne pouvait mieux affirmer la vocation et la signification de l'Allemagne unifiée que l'initiative d'une telle entreprise de civilisation (2).

« Ce dessein de transformer l'alliance purement politique, fondée par le prince de Bismarck, et d'en faire une alliance à la fois politique et économique, qui maintiendrait *la porte ouverte à une entente de toute l'Europe Centrale*, dépassait le programme du fondateur de l'Empire : cela est évident à première vue. Ce n'était pourtant pas une pensée antagoniste, mais complémentaire de la pensée première » (3).

Ce que propose le théoricien officieux du *Neuer Kurs*, et la *Wilhelmstrasse* par son entremise, c'est donc un trust industriel des États de l'Europe Centrale, assez fort pour résister seul à la concurrence américaine. L'attraction de ce *trust* sur les États voisins serait d'une telle force qu'ils demanderaient spontanément à y entrer, sous peine d'appauvrissement. Cette entente ne serait-elle que douanière? Notre théoricien s'abstient prudemment de soulever ce délicat pro-

(1) *Berlin-Wien-Rom.*, 109-111.
(2) *Ibid.*, p. 113-115.
(3) *Ibid.*, p. 111.

blème. Il feint d'oublier le vieil axiome de Friedrich List qui affirme, comme une vérité d'expérience, que l'*Union commerciale et l'Union politique sont jumelles* et que « l'une ne peut naître sans l'autre. » Il ne se souvient plus, en apparence, que les États joints par un *Zollverein* contractent aisément des conventions militaires. Entre l'Allemagne, l'Autriche et l'Italie la convention militaire avait précédé l'Union douanière projetée. Mais si l'on fascinait les États scandinaves, la Belgique, la Hollande, par la splendeur commerciale de l'Allemagne, jusqu'à les faire entrer dans la Triple-Alliance, les conventions militaires avec ces puissances tarderaient-elles? L'histoire du *Zollverein* allemand est là pour répondre. Une organisation militaire et commerciale de l'Europe, sur l'initiative, c'est-à-dire sous l'hégémonie allemande, tel était le « nouveau système européen », préparé dès l'origine par le *Neuer Kurs*. Et ce qui est sûr, c'est que ni la Serbie ni la Bulgarie ni aucun État balkanique ne devait rester en dehors de son rayon d'influence. Mais la France aurait-elle pu, à la longue, se dérober à une attraction économiquement et militairement si puissante? On en vient à penser que l'Allemagne songeait à la prendre d'abord par persuasion, avant d'en venir à une pression plus énergique, si l'on se reporte à une ancienne offre de Bismarck.

Bismarck avait songé à comprendre la France dans l'Union douanière austro-allemande. — Il suffit, pour s'en rendre compte, de se reporter au recueil anonyme, mais officieux, qui s'intitule : *Bismarck ; Zwölf Jahre deutscher Politik* (1871-83) paru en 1884, et qui relate une conversation fameuse de Bismarck avec le comte de Saint-Vallier, ambassadeur de France. Le chancelier, s'abandonnant ce jour-là, avoua que la politique d'entente avec la Russie, traditionnelle en Prusse, et qu'il avait suivie lui-même, ne le laissait pas sans mélancolie. C'est à cause du danger sur le Rhin que les États allemands avaient dû chercher à se couvrir du côté russe et « s'asservir à la politique moscovite ».

« Les mains liées, disait Bismarck, ils ont dû assister à la destruction de la Pologne par les Russes, et, par le partage de ce royaume, contracter des liens contre nature avec la Russie, à laquelle on laissait prendre ainsi en Europe une large avance territoriale. La Prusse, pendant la guerre de Crimée, se coucha comme un chien de garde vigilant devant les portes polonaises de la Russie, et en 1863, lors de la révolte polonaise, elle conclut avec la Russie une convention, par laquelle elle rendit à cette dernière un service immense.... L'Autriche, qui, par une série de guerres sanglantes, avait enrayé l'avance des Turcs... dut assister, sans intervenir, à la conquête de la Turquie par les Russes. La pesanteur massive et la violence avec laquelle l'organisme politique russe se fraie un chemin vers la lumière et la chaleur de la Méditerranée ne menacent pas seulement l'existence de l'Autriche; elles ôtent tout avenir à l'influence et aux intérêts de la France en Orient » (1).

(1) *Zwölf Jahre deutscher Politik*, 1884, p. 273.

II

LE PANGERMANISME CONTINENTAL

L'Allemagne par son projet d'union douanière de l'Europe centrale prépare son hégémonie politique européenne. — Bismarck, avec ce sens si exact du réel, qui ne se trompait jamais sur la résistance des forces adverses, ni sur ses propres forces, avait renoncé à réaliser l'union douanière de l'Europe centrale. Au député transylvain von Baussnern, qui lui avait soumis un tel projet, il avait répondu, le 5 mars 1880 : « Moi aussi, je considère une entente douanière qui engloberait les deux empires comme la fin idéale qui doit définir le sens dans lequel se développeront toutes nos transactions de politique commerciale ». Il n'avait rien fait de plus.

L'opinion pourtant ne cessa pas d'être travaillée par des publicistes. Paul Dehn, dans deux ouvrages, *Deutschland und der Orient*, 1884, et *Deutschland nach Osten*, 1888, fut un des principaux de ces publicistes bismarckiens qui essayaient, par ce plan d'une organisation économique de l'Europe, de dissiper l'aigreur toujours grondante des vieux partisans d'une « grande Allemagne », que Bismarck avait détruite, en excluant l'Autriche de la Confédération de l'Allemagne du Nord, et du Nouvel Empire.

« Dans la vie économique de l'ancien monde, écrivait Paul Dehn en 1884, l'Allemagne, l'Autriche-Hongrie et l'Italie ont à rester dans une union étroite : défensivement, contre la concurrence supérieure et prépondérante des Anglais, des Français et des Russes ; offensivement, dans leurs efforts pour reconquérir la part qui leur est due dans l'échange des richesses entre l'Europe et l'Orient. En ce sens, l'Allemagne, l'Autriche-Hongrie, et l'Italie forment un grand domaine d'intérêts économiques communs, au milieu de l'Europe, et *qui serait heureusement arrondi par l'adjonction de la Suisse, de la Belgique et de la*

Hollande dans l'Ouest, de la Pologne et de la Lithuanie dans l'Est. Si les États de l'Europe centrale veulent assurer leur vitalité économique, et par là aussi leur vie et leur indépendance politiques, il leur faut s'unir avec une pleine conscience de leurs desseins; il leur faut chercher des formes nouvelles, à l'intérieur desquelles, sans faire violence aux sentiments nationaux ou aux faits consacrés par le droit politique, on pourrait réaliser ce grand domaine d'intérêts communs. Par sa situation au cœur de l'Europe, et à cause de l'importance économique de cette situation, l'Allemagne est appelée *à prendre le rôle dirigeant au centre de ce domaine d'intérêts.* »

Paul Dehn ne nous explique pas comment on pourrait, sans guerre, rattacher la Pologne, la Lithuanie, ou même la Hollande et la Suisse, à la Triple-Alliance douanière. Il a beau imaginer des combinaisons variées et très souples : un *Parlement douanier* et un *Conseil fédéral douanier* pour délibérer des affaires douanières de toute la confédération; ou bien concevoir une confédération étroite, à laquelle seraient rattachés, par de simples traités de commerce permanents, les États non encore réduits à la vassalité économique totale. Le précédent du *Zollverein* allemand est trop récent, pour qu'on n'aperçoive pas sous ces projets la récidive préméditée et aggravée de 1866.

On voit bien ce que gagnerait l'Allemagne à un tel remaniement des frontières économiques de l'Europe. Paul Dehn ne dissimule pas que l'alliance douanière avec des peuples restés plus agricoles que l'Allemagne donnerait à l'Allemagne des débouchés élargis pour ses produits manufacturés, un marché d'achat élargi où elle puiserait ses matières premières (bois, etc.) et ses grains; des garanties fortifiées de stabilité dans le prix des matières alimentaires, et d'une façon générale : « la puissance économique de l'Allemagne serait sensiblement renforcée. » (*Deutschlands Machtstellung würde in wirtschaftspolitischer Hinsicht beträchtlich gestärkt werden*) (1). On aperçoit aussi que des membres plus modestes de l'association en tireraient avantage. L'agriculture austro-hongroise

(1) Paul Dehn, *Deutschland nach Osten*, III, 183.

trouverait auprès de la population industrielle croissante de l'Allemagne le placement de ses récoltes en excédent. L'industrie naissante de l'Autriche s'adosserait, dit Paul Dehn, à la puissante industrie allemande. Cette union lui donnerait du courage, de la confiance en elle-même, et une direction (*Muth, Selbstvertrauen und Führung*) (1). Les industriels austro-hongrois s'empresseront-ils, autant que le croit Paul Dehn, de se confier à la « direction » de l'industrie allemande? Nous n'en sommes pas juges. D'autres pays ont peut-être regretté déjà la confiance qu'ils avaient mise dans cette envahissante collaboration. Ce n'est pas à nous à donner des conseils de vigilance à l'Autriche-Hongrie.

A supposer pourtant que l'Autriche se laissât gagner à ces promesses de prospérité décideraient-elles les Russes à détacher de leur organisme économique, et à laisser entrer dans l'union douanière austro-allemande la Pologne et la Lithuanie? Ou du moins les Russes accepteraient-ils cette modification sans guerre? La force de rayonnement de l'alliance militaire et économique des monarchies du centre gagnerait, c'est la ferme conviction de Dehn, jusqu'à la Roumanie et la Turquie :

« Et même la France trouverait avantage à entrer dans cette union. Elle y pourrait nouer des amitiés utiles contre la concurrence d'Outre-Océan, dont elle n'a pas moins à souffrir que l'Allemagne et que l'Autriche-Hongrie » (2).

Politique occidentale de l'Allemagne.

On peut donc affirmer que la politique et l'opinion de l'Allemagne à l'égard de la France continentale était nettement pacifique vers 1888, à la condition que la France ne trouvât rien à redire aux projets d'absorption douanière nourris par l'Allemagne à l'endroit de tous les petits États voisins, depuis la Baltique et le Rhin jusqu'à l'Hellespont. A l'égard de la

(1) Paul Dehn, *Ibid.* III, 186.
(2) *Ibid.* III, 184.

France coloniale, dont l'Allemagne avait beaucoup admiré la rapide croissance sous la République, sa pensée, que nous retrouverons, était peut-être un peu différente. Pour l'instant, on laissait la France à l'écart. On lui faisait des avances sous forme de gerbes de fleurs, en attendant que la vie économique et le travail des publicistes l'eussent décidée à entrer dans l'union douanière austro-italo-allemande, afin d'y chercher du courage et « une direction » pour ses industries.

La préoccupation principale des Allemands, la Hollande et la Belgique. — L'agitation pangermaniste visait, dès 1897, les Pays-Bas et la Belgique. Ce fut le temps où commencèrent deux organisations, l'une modeste, savante, dirigée par des professeurs, la publication *Der Kampf um das Deutschtum*; l'autre, bruyante, qui, par des meetings, des brochures et une revue à elle, fanatisait l'opinion : la *Ligue pangermaniste* (*Alldeutscher Verband*). Un publiciste bas-allemand de faible talent, mais notoire et fanatique, Fritz Bley, publiait son petit livre : *Die Weltstellung des Deutschtums*. (La situation de l'Allemagne dans le monde, 1897), et, dans le *Kampf um das Deutschtum*, son étude : *Die alldeutsche Bewegung und die Niederlande* (*Le mouvement pangermaniste et les Pays-Bas*, 1897). Il entrait en matière sur le ton glorieux qui ne nous étonne plus :

« Nous sommes sans conteste le peuple des meilleurs guerriers du monde. Pendant deux siècles la vigueur allemande étaya l'Empire romain vermoulu. Des Allemands seuls pouvaient briser la robustesse primitive (*Deutsche Urkraft*) des Allemands. En sept batailles de nations, dans la forêt de Teutobourg, dans les plaines catalauniques, à Tours et à Poitiers, sur le Lechfeld, près de Liegnitz, devant Vienne contre les Turcs et à Waterloo — nous avons sauvé la civilisation (*Gesittung*) de l'Europe.

« Nous sommes le peuple le plus capable dans tous les domaines du savoir et des beaux-arts. Nous sommes les meilleurs colons, les meilleurs marins et même les meilleurs commerçants ! et cependant nous n'arrivons pas à avoir notre part dans l'héritage du monde, parce que nous ne voulons pas apprendre à puiser dans l'histoire des leçons salutaires.... Que l'Empire allemand ne soit pas la fin, mais le début de notre développement national : voilà une vérité manifeste qui n'est pas du tout encore devenue le bien commun des Allemands. Elle n'est reconnue que d'un petit nombre d'hommes cultivés » (1).

Ce petit nombre d'hommes cultivés, ce sont les pangermanistes ; et ils déploient aussitôt une activité acharnée pour faire entrer dans les esprits cette « vérité manifeste » que le peuple allemand, le « peuple des meilleurs guerriers » du monde, avait à prendre la « part d'héritage » qui lui appartient dans le monde. Ils lui en désignent les morceaux :

1° ***La Flandre française.***

« Les Flamands du Nord-Ouest occupent, de beaucoup, le niveau le plus élevé de toute la population rurale française, et leur fusion avec la race française (*Franzosentum*), physiquement et intellectuellement inférieure (*minderwertig*), signifierait une dégénérescence de leur espèce. Mais quand, tôt ou tard, on réunira la Flandre maritime à la Flandre de l'Ouest, et quand on enlèvera aux Français, comme c'est le bon droit, ce qu'ils ont pris aux Flamands par l'immonde rapine de Turenne, il faudra entendre les clameurs qui s'élèveront dans toute la France » (2).

La France ne se laissera pas dépouiller sans protester ; et il n'est pas probable que la Belgique fasse seule la conquête de Lille et de Calais, mais elle aura une alliée ; on devine laquelle. L'Allemagne est la grande redresseuse des torts séculaires de l'histoire. N'en a-t-elle pas commis qui soient plus récents que les torts de Louis XIV ? Des clameurs, non de protestation cette fois, mais de délivrance, ne s'élèveront-elles pas de Pologne et du Schleswig et d'Alsace-Lorraine, quand on reprendra aux Allemands ce que les Polonais, les Danois, les Alsaciens-Lorrains considèrent aussi comme une « immonde rapine » ? C'est une question qu'aucun Allemand n'admet qu'on pose.

(1) Fritz Bley, *Die Weltstellung des Deutschtums*, 1897, p. 21-22.
(2) Fritz Bley, *Die alldeutsche Bewegung und die Niederlande*, 1897, p. 61.

La Belgique wallonne elle-même, pour les Allemands, est terre allemande. Voyez les noms de Luig, de Waremme, de Bassenge, d'Ordange, de Roulange, de Fouron; on y reconnaît Ludeke, Borgworm, Bitsingen, Ordingen, Rukkelingen, Foeren. N'objectez pas que ces noms mêmes sont visiblement francs. Ils sont Saxons, pour les pangermanistes. Charlemagne n'a pas massacré tous les Saxons dans ses guerres de conquêtes. Il en a déporté des troupes, dont les descendants aujourd'hui sont en Belgique (1). Il y a de l'Ardenne à la Meuse une *irredenta* saxonne sur laquelle l'Allemagne un jour fera valoir des droits.

2° *La Hollande.*

Fritz Bley poursuit :

« Nous avons besoin de ces terres nouvelles hollandaises, déjà fertilisées par le sang allemand, pour l'indispensable élargissement de notre domaine économique. Nous avons besoin, sur un Rhin devenu allemand jusqu'à l'embouchure, du libre trafic que la silencieuse résistance de la Hollande nous rend plus difficile.

« Une union douanière, une organisation commune de la défense militaire et navale, — la langue de commandement étant le haut-allemand dans l'armée, le bas-allemand dans la flotte ; — une gestion commune de nos possessions d'outre-mer, conduite dans un esprit de prudence néerlandaise et d'utilité pratique : tel est l'objet de l'alliance germano-néerlandaise.

« Si la Hollande était une simple puissance continentale, cette alliance ne se constituerait que le jour où l'Allemagne imposerait par la force ses justes prétentions. Mais comme le vaste domaine des possessions trans-océaniques de la Hollande s'effrite tous les jours sous une menace croissante, les hauts seigneurs commerçants sur l'Amstel et sur la Meuse sont poussés de notre côté par des considérations d'intérêt personnel » (2).

On suit le raisonnement. Les Hollandais seront rattachés à l'Allemagne à coup sûr. L'Allemagne est la force au service

(1) E. Seelmann, *Die Wiederauffindung der von Karl dem Grossen verschickten Sachsen*, 1895. — On sait que, pour d'autres Allemands, ces Saxons introuvables se trouvent en Hongrie.

(2) Fritz Bley, *ibid.*, p. 7.

de la justice ; et il est injuste qu'il existe une Hollande assez résistante, silencieusement, pour détenir les bouches du Rhin. L'affaire des Hollandais est claire, si leur sournoise résistance se prolonge. On leur offre, de gré ou de force, de mettre en commun avec l'Allemagne leurs colonies, qui sont précieuses, et les colonies allemandes dont la valeur est infiniment moindre. On essaie de faire croire que ces colonies sont menacées par le Japon. Et la Hollande, effrayée de l'étreinte japonaise, se rejettera d'elle-même dans l'étreinte allemande.

On espère donc tranquilliser la Hollande, en lui offrant l'appui militaire allemand, pour un domaine où, à vrai dire, elle ne sera plus seule maîtresse. On ajoute que sa destinée ne sera pas pire que celle des autres puissances de l'Union douanière fondée dans l'Europe centrale :

« Considérons notre histoire et l'économie mondiale contemporaine. Cette considération requiert avec urgence que l'Allemagne, l'Autriche, l'Italie, les États balkaniques, les deux pays néerlandais et la Suisse, enfin, s'il est possible, les pays scandinaves, se joignent, eux et leurs colonies, dans une Union douanière commune, libre-échangiste ou à protection échelonnée au-dedans, mais fortement protégée au dehors. Il n'y a pas d'autre moyen, en face des territoires géants de la Russie, de l'Angleterre et des Amériques réunies, de maintenir intact leur droit à l'existence, et d'assurer le pain de leur population.

« Avec les Néerlandais nous ne voulons de même qu'une alliance consolidée en droit public; nous ne voulons pas former avec eux un État unique » (1).

Les Néerlandais objecteront avec quelque justesse que les mêmes pangermanistes ne demandaient pas aux Italiens et aux États balkaniques de partager avec eux leur flotte et leurs colonies. Ils s'inquiéteront des visées exprimées dans des passages comme ceux-ci :

« De l'Empereur aux simples ouvriers agricoles, aux simples maçons, chacun travaillera à l'édification systématique de l'État pangermaniste; dès que nous aurons reconnu ce qui, dans

(1) *Id.*, *Die Weltstellung des Deutschtums*, p. 18; 40.

notre lamentable passé, a été la source de toutes nos souffrances : le manque de la volonté nécessaire. Elle seule nous a manqué. Elle seule pourra nous sauver : une volonté nationale d'acier, inflexible, et d'une dureté qui ignore les ménagements » (1).

Au nombre des erreurs allemandes, durant ce passé lamentable, il y a eu, selon Bley, la signature apposée par les États d'Allemagne aux traités de 1815, qui ont constitué une Hollande indépendante. La politique anglaise, clairvoyante de loin, a discerné le danger d'une « réunion de la Hollande à l'Allemagne ». Elle a coupé court à cette possibilité.

« Pourquoi avons-nous été assez fous pour lui donner notre consentement? » (2)

S'il suffit de reconnaître d'où viennent les maux du passé, et d'une « volonté d'acier » pour les réparer, la ligne politique de l'Allemagne est toute tracée et sûre d'aboutir. Les Hollandais sauront ce qu'on leur offre, comme leur « intérêt bien entendu ». Car c'est toujours bien entendre son intérêt que de ne pas se frotter à la « volonté d'acier » de l'Allemagne.

Il ne faudrait pas croire que ces pamphlets soient des manifestations isolées. L'économiste Ernst von Halle est presque illustre (3). Il ne juge pas que l'existence de la Hollande soit compatible avec la sécurité de l'Empire allemand :

« L'Allemagne, de divers côtés, présente des frontières militaires et politiques, nationales et économiques qui, à la longue, sont intenables, au regard des exigences de la vie moderne des nations. Il est monstrueux, en économie et en géographie économique, que les embouchures de deux de ses plus grands fleuves, le Danube et le Rhin, et surtout ce dernier, qui est la plus importante artère du trafic national, et qu'une série des ports les plus importants pour les échanges internationaux de l'Allemagne se trouvent entre les mains étrangères....

(1) *Ibid.*, p. 48.
(2). *Ibid.*, p. 14.
(3) Ernst von Halle a réuni d'importantes études dans les deux volumes intitulés : *Volks- und Seewirtschaft*, in-8°, 1902. On lira au t. II, p. 1-60, *Die volks- und seewirtschaftlichen Beziehungen zwischen Deutschland und Holland.* (*Les relations économiques et navales entre l'Allemagne et la Hollande*); p. 72-83 : *England als Beschützer Hollands.* (*L'Angleterre protectrice de la Hollande.*)

« Un petit peuple côtier est en situation d'influencer le trafic sur le Rhin inférieur et d'y prendre des mesures qui ne sont pas dans l'intérêt de l'*Hinterland*, mais seulement dans le sien propre. Il faut à l'avenir que l'Empire allemand puisse établir et appuyer ses lignes de défense sur les positions les plus favorables. Une Hollande trop faible sur terre est un danger permanent pour les régions industrielles les plus importantes de l'Allemagne » (1).

Tout le monde sait que les Allemands ont construit le canal de l'Ems à la Jahde, et le canal qui joint l'embouchure de la Ruhr à l'Ems, par Dortmund, afin de détourner le plus gros tonnage des marchandises qui descendaient le Rhin jusqu'en Hollande. L'opération n'a pas donné tout à fait ce qu'on attendait. Il est encore plus difficile de détourner de la ligne plus courte du Rhin les transports hollandais qui font la route inverse par le Vieux-Rhin ou le Waal. Voilà donc le moment de séduire ou de contraindre.

L'importante revue *die Grenzboten*, dans un de ces articles anonymes, qu'elle demande communément à de hauts fonctionnaires allemands, usait surtout de séduction en 1901. Elle faisait craindre à la Hollande un débarquement anglais.

« La force de l'Allemagne est aussi l'appui de la Hollande. Mais toutes les assurances données par l'Angleterre, et par lesquelles elle promet de respecter la neutralité et l'intégrité territoriale de la Belgique, ne laissent pas un moment de doute aux Néerlandais. Ils savent que, pour leur sécurité entière, il faut des garanties plus solides que celles qui résultent des traités sanctionnés même par les serments les plus sacrés » (2).

La Belgique a pu juger, en 1914, ce qui vaut le mieux, comme garantie, de la parole donnée par la Grande-Bretagne ou de celle donnée par l'Allemagne, sous la foi « des serments les plus sacrés ».

(1) Ernst von Halle. *Ibid.*, t. II, 3-4; 47-48.
(2) *Holländ und Deutschland* (Grenzboten, 60e année, 1901, p. 146.)

Politique de l'Allemagne sur sa frontière orientale.

Vieux courants anti-russes. — Bismarck avait pu craindre que la politique traditionnellement prussienne, suivie par lui, avec un peu de mélancolie, mais avec prudence, et qui consistait à s'appuyer sur la Russie, ne fût pas continuée par Guillaume II.

Le traité, par lequel l'Allemagne et l'Autriche-Hongrie se promettaient l'appui mutuel de leurs forces en cas d'agression russe sur l'un d'eux, s'était complété par un « traité de réassurance » conclu entre l'Allemagne et la Russie, depuis 1884. Bismarck avait obtenu du tsar une convention valable six ans, qui stipulait la neutralité russe, pour le cas d'une attaque de la France contre l'Allemagne, et la neutralité allemande, pour le cas d'une attaque de l'Autriche contre la Russie. Caprivi n'avait pas renouvelé ce traité en 1890. Hohenlohe et Marschall von Bieberstein ont dit au Reichstag, le 16 novembre 1896, pourquoi la diplomatie allemande n'avait pas fait ce renouvellement. Dans l'explosion soudaine d'une crise de guerre, il est difficile de décider sur l'heure à qui incombent les responsabilités de l'agression. En cas de conflit austro-russe, comment savoir instantanément si le *casus fœderis* avec l'Autriche ou le traité de neutralité avec la Russie devait jouer? L'Allemagne voulait être libre de suivre ses intérêts.

De forts courants d'opinion poussaient à une guerre contre la Russie. Le successeur de Moltke au grand état-major, un général brillant et ambitieux, le comte de Waldersee, préparait depuis longtemps une campagne contre la Russie. Il a été le vrai maître en stratégie de Guillaume II. L'amitié avait été intime entre le fougueux kronprinz Guillaume et le général impatient de gloire. En février 1889, Bismarck savait et fit publier dans les *Hamburger Nachrichten* qu'on songeait, pour sa succession, au comte de Waldersee. La *Gazette de la Croix*, tout le printemps, avait été pleine d'articles de guerre contre la Russie. Bismarck dut les dénoncer, le 19 juin 1889, dans un article des *Hamburger Nachrichten* intitulé *Zur Kriegstreiberei.* Il en dénonça aussi la source; il désigna le grand état-major, la *camarilla* des militaires, qui faisait une « politique d'à côté », irresponsable, mais qui avait pour elle les journaux des hobereaux piétistes et tâchait de compromettre l'Empereur lui-même.

Guillaume II désavoua ces intrigues de l'état-major anti-russe. Pourtant, c'est dans les idées de cet état-major qu'il avait grandi. Ce n'est un mystère pour personne que le général de Waldersee était de ces conservateurs prussiens, très religieux, et qui avaient gardé quelque prédilection pour l'idée « grande-allemande ». Pour eux, l'Allemagne fondée par Bismarck, à l'exclusion de l'Autriche, était trop petite. Sans doute, il avait fallu d'abord la faire petite, pour la cristalliser solidement autour du noyau prussien. Mais il fallait que cette Allemagne prussianisée refît ensuite la soudure avec l'Autriche-Hongrie, qui serait à son tour prussifiée. Après quoi le bloc austro-allemand se mettrait en marche vers l'Est polonais et sur l'orient balkanique. Ce n'étaient pas là des idées neuves. Friedrich List, en 1841, puis, après 1870, d'éloquents et infatigables pamphlétaires, tels que Paul de Lagarde et Constantin Frantz, s'étaient employés à la même propagande. Evidemment ce « Gross-Deutschtum », n'était plus celui du Parlement de Francfort ou des Guelfes attardés qui siégeaient encore au Centre. Il n'attribuait plus à l'Autriche un rôle dirigeant. Il la voulait vassale. Il en faisait un boulevard contre le slavisme. L'Allemagne et, dans l'Allemagne, la Prusse, était le seul « peuple de maîtres ».

« Il faut créer une Europe Centrale, avait écrit Paul de Lagarde en 1881, qui garantira la paix à tout le continent à partir du moment où elle aura écarté de la mer Noire les Russes et dès lors des Slaves du Sud, et où elle aura conquis pour la colonisation allemande de larges espaces à l'est de nos propres frontières. Nous ne pouvons pas déchaîner *ex abrupto* la guerre qui devra constituer cette Europe Centrale. Tout ce que nous pouvons faire est d'habituer notre peuple à la pensée que cette guerre viendra » (1).

Constantin Frantz, à son tour, avait proposé le plan d'une grande Confédération des États de l'Europe Centrale. Un noyau central serait composé des États de l'Allemagne de l'Ouest, s'arrondirait par la Prusse et par l'Autriche; et une étroite alliance offensive et défensive, militaire et sanctionnée par les Constitutions unirait ensemble ces États. Une ceinture de petits États, Hollande, Belgique, Flandre, Lorraine, Suisse, Franche-Comté, Savoie, et, à l'Est, tous les États balkaniques, et ceux qu'on découperait dans la Pologne russe compléteraient une circonvallation prodigieuse. Mais il fallait pour la construire refouler la Russie par delà le Pruth jusqu'au Dniestr. Il fallait une frontière russo-allemande reculée à Brest-Litowsk, à Bialystock, à Grodno. Si anti-bismarckien qu'il fût, Constantin Frantz demandait qu'on accordât à Bismarck tous les crédits militaires qu'il proposait au Reichstag.

« Une chose est sûre... c'est que la Prusse devra, dès le début des opérations, marcher avec trois grandes armées à la fois sur Varsovie, sur Wilna et sur Riga, et qu'elle devra occuper tout le territoire jusqu'à la Düna, afin d'en pouvoir imposer la cession.... La Prusse serait perdue d'emblée, si elle voulait garder une attitude défensive.... Il lui faut pouvoir faire une guerre offensive de grand style » (2).

Ces idées régnaient à Berlin vers 1888, dans les milieux très pieux et conservateurs, où l'on croyait pouvoir faire mieux et plus grand que Bismarck.

La propagande du germanisme pur (Reines Deutschtum). — L'alliance franco-russe avait, pour un temps, calmé l'effervescence belliqueuse. Guillaume II s'acquitta en conscience de son rôle de « prince de la paix ». Waldersee s'en fut commander un corps d'armée à Kiel : honorifique disgrâce.

(1) Paul de Lagarde. *Deutsche Schriften*, 4e édition, 1903, p. 83.
(2) Constantin Frantz. *Die Weltpolitik*, 1882-1883, t. II, 60-61.

La russophobie s'assoupit pour quelques années. Elle reprit brusquement, dans les organisations, où l'ambition fiévreuse d'une nouvelle génération, saturée de déclamations sur la victoire, glorieuse d'une aisance grandissante, impatiente d'actes nouveaux, s'exhalait comme dans une volupté de mécontentement mégalomane.

Au nombre de ces organisations se trouva, en 1894, le *Deutscher Bund*, d'où sont sortis, par scission, des journaux puissants, tous deux pangermanistes, la *Deutsche Tageszeitung* et la *Deutsche Zeitung* de Berlin. Friedrich Lange fut pendant longtemps le coryphée bruyant de ce « germanisme pur », qui croit, mais cette fois en s'appuyant sur une philosophie des races très dégagée de christianisme, que la « force victorieuse du sang » promet la domination aux Allemands.

« Bismarck, disait-il, ne nous a menés qu'au seuil de la régénération allemande » (1).

Mais l'avenir allemand pour ces hommes consistait, entre 1894 et 1904, dans le refoulement violent de la Russie.

« Ce peuple est couché comme un lac dormant... sur ses plaines basses sarmates. Il est aujourd'hui ce qu'il fut toujours: un troupeau confus, sans mouvement et par là sans histoire; vernis à la surface, et ténèbres dans les profondeurs.... Cette inondation est un danger certes pour notre civilisation comme pour toutes les civilisations; mais elle ne l'est que si nous perçons nous-mêmes nos digues, comme nous le faisons à la légère, à présent. Autrement, il n'y a pas de danger. Au contraire, tout acte viril germanique, qui avancerait nos digues dans cet espace lacustre, conquerrait aux Allemands des terres nouvelles, et ferait de ces terres bientôt des terres allemandes. Voilà le seul enseignement que nous puissions tirer de l'histoire de nos luttes contre les Slaves. »

Dans cette lutte, l'Autriche, qui devait être un boulevard contre le slavisme, se slavise elle-même de plus en plus. Dès lors, elle trahit le « Deutschtum ». Il faut la coloniser d'Allemands purs, comme on colonisera la Pologne russe et toutes es terres lithuaniennes conquises. Cette émigration devra-

1) Friedrich Lange. *Reines Deutschtum*, 1904, p. 210.

être organisée, administrée, conseillée, imposée par le gouvernement. Depuis longtemps, Friedrich List avait fait le plan d'une colonisation intensive de la Hongrie et des pays riverains du Danube.

« Les rives du Danube, à droite et à gauche, de Presbourg jusqu'à l'embouchure, les provinces septentrionales de la Turquie, et les côtes occidentales de la mer Noire offrent aux émigrants allemands une abondance de terres inutilisées et naturellement fertiles » (1).

Il imaginait un vaste Empire germano-magyar, allant de l'Adriatique au Pont-Euxin. Paul de Lagarde reprit le projet. Il y avait une place dans ce vaste plan, pour les princes allemands trop nombreux, pour les hobereaux allemands, inoccupés et, à cause de cela, férus d'intrigues; pour le prolétariat allemand pléthorique.

« Les terres que nous demanderons à la Russie devront être assez vastes pour y établir à demeure, en Bessarabie et au Nord-Est de la Bessarabie, comme sujets du roi Charles, tous les Roumains, même ceux d'Autriche et de Turquie » (2).

Constantin Frantz était favorable à des projets de même nature.

De tous ces projets, le germanisme *pur* est l'héritier. Il les reçoit de ces grands devanciers. L'Autriche, « avorton politique, résidu pétrifié de la confusion des langues babyloniennes », périra si on les réalise, dit Friedrich Lange. Mais le germanisme triomphera, pour peu qu'il mette à assimiler les provinces conquises la même ténacité qu'à les conquérir.

« Si nous *prenons*, nous devrions aussi *retenir*. Un territoire étranger ne nous est incorporé que le jour où le droit de propriété d'hommes allemands s'enracine dans son sol. Il faudrait, avec toute la prudence nécessaire, mais aussi avec une volonté inébranlable, instituer un processus d'expropriation, par lequel les Polonais et les Alsaciens-Lorrains seraient peu à peu transportés à l'intérieur de l'Empire, tandis qu'à leur place des Allemands seraient transportés à la frontière » (3).

(1) F. LIST. *Sämtliche Schriften*, t. II, 209. — L'écrit est de 1842.
(2) PAUL DE LAGARDE. *Deutsche Schriften*, p. 391.
(3) F. LANGE. *Reines Deutschtum*, p. 207.

Est-ce un fou qui parle? Sa folie, hélas! est partagée. Les lecteurs de la *Deutsche Zeitung* se délectent de ses boniments délirants. Il a de qui tenir. Paul de Lagarde est le chef de la lignée de démence.

« La Hongrie est un faisceau d'impossibilités. Il ne suit pas de là qu'elle soit une possibilité politique. Or, s'il faut accorder cela, n'a-t-on pas accordé par là même qu'il est de notre devoir d'aider ces peuples et ces tribus à disparaître? Il faut que la Jablunka n'entende plus que l'allemand, et, de là, il faut que le flot (allemand) se répande vers le sud jusqu'à ce qu'il ne reste rien de toutes les lamentables nationalités de l'État impérial (d'Autriche) » (1).

N'est-ce pas Paul de Lagarde qui avait proposé d'enfermer les Slovaques, les Slovènes, les Tchèques, comme des Peaux-Rouges d'Amérique, dans des « réserves » d'où il leur serait interdit de sortir? Depuis, le rêve forcené fait du chemin. On se l'emprunte. On se le passe de main en main, de livre en livre, avec de gros rires.

Un livre parut, en 1906, brillamment écrit, d'un titre bref et cinglant : *Krieg*, de Klaus Wagner. Il fit une traînée de feu.

« Organisons bravement de grandes migrations par force des peuples inférieurs. La postérité nous en sera reconnaissante. Il y faut la contrainte. Ces tâches aussi sont des tâches de guerre. La supériorité de la puissance créatrice n'est qu'un moyen.... Aux adversaires qui auront succombé en nous barrant la route, il faudra assigner des « réserves », où nous les refoulerons, pour obtenir l'espace nécessaire à notre expansion » (2).

Il va sans dire que la *Ligue pangermaniste* fit aussitôt sienne cette doctrine de délire.

Le plan continental de la « Ligue pangermaniste ». — Cette « Ligue » a toujours songé à utiliser au maximum les hommes et les idées. Elle a poussé en avant les hommes auda-

(1) Paul de Lagarde. *Deutsche Schriften*, p. 112.
(2) Klaus Wagner. *Krieg*, 1906. (Cité par Ernst Hasse, *Deutsche Politik*.)

cieux et les idées aventureuses. Quand elle s'était fondée en 1891, elle avait mis à sa tête le Dr Peters, connu par des explorations africaines accompagnées de massacres. Son successeur en 1894, le professeur Ernst Hasse, député au Reichstag, directeur des Services de statistique à Leipzig, homme savant et en qui on aurait attendu un froid calculateur, fut l'agitateur remuant qui, au Reichstag, ne laissait pas de répit au prince de Bülow qu'il ne l'eût poussé à des résolutions graves. Quand il méditait seul, et dans son grand livre *Deutsche Politik* (1905-1908), où il a fixé la doctrine de la « Ligue pangermaniste », les « rêves d'avenir nébuleux » que lui reprochait le prince de Bülow, prenaient, tout naturellement, la forme de spoliations et de menaces belliqueuses.

Sur toutes les frontières d'Allemagne, sur le front ouest, sur le front nord, sur le front sud, Hasse veut délimiter un « glacis » militaire, de la largeur d'une étape, où habiteront seulement des Allemands pur sang, triés, prompts à écouter le mot d'ordre du chef de guerre, comme des Cosaques. On les choisira parmi d'anciens sous-officiers, auxquels, en récompense de leurs services, l'Etat assignera des terres, moyennant un faible fermage (1). Des confins militaires comme ceux qui ont protégé les Russes et les Autrichiens contre les Tartares, feront autour de l'Allemagne une ceinture bien gardée, où nul étranger ne pourra posséder des immeubles ou des biens-fonds, ni ne pourra séjourner sans autorisation, et pendant quelques mois au plus. Ainsi en Alsace-Lorraine, après l'expulsion des derniers optants; en Sleswig, et en Pologne, l'État achètera, par expropriation publique, les terres paysannes qu'il affectera à ses colons militaires. Déjà la politique de Bülow avait repris et activé cette politique d'expropriation en Pologne. En vingt années, 60 000 colons allemands s'étaient installés sur les terres dépecées des grands propriétaires polonais. Proportion dérisoire,

(1) Ce projet d'organisation d'une frontière militaire avait paru d'abord dans les *Alldeutsche Blätter* du 7 octobre 1894. On le retrouvera dans *Deutsche Politik*, 1906, t. I, fasc. 3. *Besiedlung des deutschen Bodens*, p. 147 sq.

au dire de Hasse. C'est un million de lopins qu'il faudrait, sur la seule frontière de Pologne, distribuer à l'excédent de la natalité allemande (1). La *Ligue pangermaniste* s'emploie à en trouver les moyens.

On pourrait dire que cette politique de germanisation, révoltante pour le sentiment public européen, est toutefois une affaire intérieure allemande. Les Allemands veulent spolier et déporter les Alsaciens-Lorrains, les Danois du Sleswig, les Polonais : en quoi cela regarde-t-il les autres nations? Il est dur évidemment pour les Français, les Danois, les Polonais de savoir expropriés de force leurs anciens compatriotes. Mais que vient faire le sentiment dans une question de droit international? L'inconvénient, c'est qu'on ne sait jamais où il plaira aux Allemands de situer leurs confins militaires demain.

« Quand le territoire de colonisation et les limites de l'État ne peuvent coïncider, un solide égoïsme national commande de planter de préférence nos poteaux frontières dans le territoire étranger, comme nous l'avons fait à Metz » (2).

Il va sans dire que Hasse demande le retour des pays néerlandais (Belgique, Hollande, Luxembourg) à la Confédération germanique; et que, pour lui, Lille et Dunkerque sont des pays néerlandais. Il regrette que Belfort et Montbéliard n'aient pas été réclamés à la France en 1870; et le royaume d'Arles, la Bourgogne, le reste de la Lorraine, tout ce qui a appartenu au Saint Empire, comment les laisserait-on à la France?

« Très évidemment, il faudra saisir toutes les occasions de rattacher de nouveau à l'Empire allemand ceux-là du moins de ces pays mitoyens qui, pendant le moyen âge, et quelques-uns par-delà la paix de Westphalie, ont été les dépendances politiques de l'Empire allemand » (3).

L'Autriche aurait dû être contrainte à céder la Bohême et la Moravie en 1866.

(1) *Ibid.*, p. 146.
(2) HASSE. *Besiedlung des deutschen Bodens*, p. 166.
(3) HASSE, *Deutsche Grenzpolitik*, p. 53, 74.

« Il nous faut là aussi chercher d'autres formes, pour atteindre l'ancienne fin. Peut-être y parviendrons-nous dans le cadre de la plus grande Allemagne » (1).

La Russie elle-même, devra restituer tous les pays que la Prusse a perdus aux traités de 1815, de Cracovie à Grodno, Varsovie incluse, tandis qu'on dédommagerait l'Autriche par Salonique (2).

« Mais le moment viendra à coup sûr où l'Allemagne effectuera sa mainmise sur les ruines de l'État des Habsbourg; et il nous faut y être préparés (3). »

Ainsi, c'est pour l'Allemagne que les pangermanistes convoitent Salonique, quand ils y poussent l'Autriche, dont ils escomptent le morcellement. Cette « plus grande Allemagne » que Guillaume II et Bülow cherchaient « sur la mer » en 1900, ils la veulent au centre de l'Europe. Ils prétendent l'élargir par toutes ses frontières :

« Il nous faut des terres, et non seulement des colonies. Il nous faut des terres, même si elles sont habitées par des étrangers, afin d'en dessiner l'avenir selon nos besoins » (4).

La science allemande à la rescousse. — Des professeurs en foule peuplent la « Ligue pangermaniste »; et quand ils n'en font pas partie, c'est en foule qu'ils l'approuvent et la soutiennent. Les Universités allemandes et les Écoles techniques d'Allemagne ont rendu des services nombreux à la science. Plus encore pourtant que de faire avancer la science, elles sont préoccupées de former pour leur pays des classes dirigeantes remplies de compétence, on n'en peut douter mais surtout d'orgueilleuse et envahissante ambition. Albrecht Wirth n'a pas encore dans la hiérarchie universitaire allemande la place que lui assignerait son influence sur la jeunesse (5). Son aveu est à retenir :

(1) *Ibid.*, p. 123.
(2) *Ibid.*, p. 105.
(3) *Ibid.*, p. 164.
(4) Hasse, *Weltpolitik*, p. 67.
(5) Albrecht Wirth, privat-docent à l'École technique supérieure de

« Il n'est pas niable que la pensée agressive ne peut être tout à fait étrangère au pangermanisme. Si l'Allemagne « doit devenir marteau », il faut aussi qu'elle frappe (1)...

« Pour vivre, pour avoir une vie saine et joyeuse, il nous faut de vastes étendues de nouvelles terres arables. Voilà ce que doit nous procurer l'impérialisme. L'Allemagne pourra récolter les fruits de la politique russe, pourvu qu'elle en ait le courage.... A quoi nous servirait un germanisme épanoui au Brésil et dans l'Afrique du Sud? Il servirait beaucoup à l'expansion de la race allemande; il servirait fort peu à la puissance de l'Empire allemand. En revanche, l'accroissement continental du territoire allemand, la multiplication continentale des paysans allemands, dont le labeur et les capacités dépassent de cent coudées la nonchalance obtuse des moujiks, formeraient une digue sûre contre le flot de nos ennemis et une base certaine de notre puissance grandissante » (2).

Munich, est un spécialiste des questions asiatiques et turques. Il a collaboré au récent *Handbuch der Politik*, national-libéral et impérialiste d'inspiration, 1912-13.

(1) Allusion à la formule du prince de Bülow, dans son discours du 11 décembre 1899 : « Au XXe siècle, l'Allemagne sera enclume ou marteau. » (BÜLOW. *Reden*, t. I, p. 96.)

(2) ALBRECHT WIRTH. *Volkstum und Weltmacht in der Geschichte*. 1906 (Les nationalités et les puissances mondiales dans l'Histoire), p. 176, 235.

III

LE PANGERMANISME COLONIAL

Ces projets continentaux du pangermanisme sont côtoyés par des projets coloniaux non moins vastes et agressifs. Ils menacent toutes les terres restées vacantes dans le monde. Ils décèlent un insatiable appétit. Depuis l'époque où l'Espagne eut maille à partir avec Bismarck, lequel, sans crier gare, avait escamoté les Carolines, il n'y a pas de peuple dans l'Ancien ou dans le Nouveau Monde qui n'ait subi le brutal voisinage ou l'indiscrète intrusion des Allemands. Car ces Allemands, ce ne sont plus les démocrates modestes qui fuyaient le régime de réaction de 1815 à 1858, ni les va-nu-pieds paysans qui, il y a vingt ans encore, emmenaient de leur terre natale trop étroite une marmaille trop nombreuse; ce sont d'impatients prospecteurs, des ingénieurs, que les *Polytechnikums* jettent sur le pavé en trop grand nombre et résolus à jouer des coudes aux dépens des populations anciennement installées.

On a coutume de dire que l'Allemagne a besoin de terres nouvelles pour sa natalité. On oublie que ce ne sont plus les masses allemandes qui émigrent. Ce sont à peine 20 000 hommes par an; c'est un prolétariat intellectuel, riche de diplômes et léger de pécule. L'industrie allemande peut absorber le million d'hommes en excédent qui naissent par an. Elle ne peut pas absorber les 20 000 techniciens que fabriquent en trop ses écoles d'arts et métiers. L'Allemagne ne souffre pas de son trop-plein d'hommes, mais de son excédent de diplômés, de *clerks*, de médecins sans clientèle, d'ingénieurs sans emploi. Ce n'est pas sa population qui est à l'étroit; c'est sa division du travail qui est mal comprise. Et souffrant chez elle de ce fléau des déclassés innombrables, trop ambitieux pour travailler de leurs dix doigts, elle les exporte, et les inflige au monde. Elle y gagne de s'en débarrasser, et par eux d'accroître au dehors son influence. Mais c'est l'avidité de ces aventuriers qui alimente de ses rêves la presse pangermaniste.

Qu'on nous entende donc bien. Nous n'appelons pas pangermaniste n'importe quelle politique coloniale allemande. S'il arrive à l'amiral Werner de dire que les colonies allemandes ont encore un autre but, et plus grand, que de « préparer à des hommes blasés sur l'Europe et à des naufragés de chez nous un asile exempt de souci », et qu'il s'agit d'assurer au maximum la « mise en valeur du capital allemand » (1), qui trouverait à redire ? Aux visées que M. Dernburg, ancien ministre des colonies de l'Empire, assigne à la politique coloniale allemande, aucune puissance européenne ne ferait d'objection. S'il faut à l'Allemagne, dont la population s'accroît très vite sur un territoire limité, des débouchés sûrs, s'il lui faut des surfaces arables qui produisent à bon marché l'alimentation de sa population, et des terres où elle puisse, sans encombre, se procurer ses matières premières; s'il lui faut des territoires productifs pour empêcher le marché de certaines denrées d'être monopolisé; si elle tient à consolider son marché monétaire en achetant dans ses propres colonies des denrées qui, achetées à l'étranger, lui causeraient une déperdition d'or, c'est là une ambition légitime (2). Ses territoires coloniaux sont vastes; ils sont loin de leur rendement maximum. Elle peut en trouver d'autres. Mais elle se trompe si elle croit pouvoir déposséder sans résistance les grandes puissances déjà nanties. Et c'est ici qu'il faut signaler les ambitions démesurées :

« Sans colonies, dit le baron von Stengel, l'Empire allemand peut être une grande puissance européenne, jamais une puissance mondiale. Or, il faut qu'il soit une puissance mondiale, s'il ne veut pas être écrasé par les puissances mondiales que sont la Russie et l'Amérique » (3).

(1) Amiral Werner. *Die deutsche Colonialfrage*, 1895.
(2) Dernburg. *Zielpunkte des deutschen Kolonialwesens*, 1907, p. 4° 51.
(3) von Stengel. *Deutsche Colonialpolitik*, p. 319.

Il n'appartient pas à toutes les nations de disposer des surfaces énormes qui font l'Empire russe et les États-Unis. Si c'est déchoir que de ne pas les égaler; si, pour ne pas déchoir, il faut d'abord réduire en une agglomération germanique tous les territoires répartis entre les pays non russes et non américains, la menace à l'Angleterre, à la France, à trois ou quatre autres nations, est évidente. A qui s'en prendra-t-on d'abord? Vosberg-Rekow, bien qu'il enregistre toutes les défaites économiques anglaises et les doléances des gouverneurs coloniaux de l'Empire britannique, prétend ne pas s'expliquer la nervosité des Anglais.

« Gardons, quant à nous, notre sang-froid et notre tranquille façon de prendre les choses; et nous empiéterons davantage sur ceux de nos concurrents à qui l'irritation de nous voir grandir monte à la tête.... Je ne serais pas un bon Allemand, si je n'étais pénétré de la certitude que nos aptitudes nationales sont pour le moins égales, et probablement supérieures à celles des Anglais. » (1).

Dans cette lutte coloniale, où les Allemands comptent battre les Anglais eux-mêmes, nous distinguons : 1° des projets d'infiltration; 2° des projets de dépècement. Toujours ce sont des projets machiavéliques de spoliation. Ce sont ces projets que nous appelons pangermanistes.

I. — *Projets d'infiltration germanique.*

Inutile de dire qu'on retrouve tout de suite à l'œuvre les braves savants du *Kampf um das Deutschtum;* tous les géographes et les explorateurs dont l'essaim se répand à travers le monde, en quête de places à prendre, de nids où déposer la ponte et la couvée du germanisme.

Puis, à peine sont-ils de retour, la *Ligue pangermaniste* les accueille pour leur soutirer des renseignements dont elle alimente ses programmes de rapine.

(1) Vosberg-Rekow. *Das britische Weltreich und der deutsche Wettbewerb.* 1898.

Projets sur les Républiques américaines du Sud. — Voici le professeur Johannes Unold, de Munich, qui gourmande sa nation, insulte le Reichstag, rabroue les hauts fonctionnaires, comme il régente sa classe à l'École commerciale. A tous, au peuple, au Parlement, aux gouvernants, il reproche leur mollesse. Il revient d'Argentine, du Paraguay, de ce Chili qui s'enorgueillit de s'appeler « la Prusse de l'Amérique du Sud ». Il y a trouvé en foule les traces du germanisme. Malheur à un pays, quand un professeur allemand peut prouver que des Allemands y ont passé, fût-ce dans les siècles écoulés ! La cupidité allemande ne le lâchera plus. Un grand commerçant d'Augsbourg, de la famille des Welser, avait reçu en fief, de Charles-Quint, le Vénézuéla ; et pourtant le Vénézuéla n'est plus allemand ! Le jeune Barthélemy Welser fut décapité dans la plaine de Tocuyo, en 1546, par un chef de bandes espagnol. Honte et dérision, ce jeune Augsbourgeois n'est pas encore vengé. Les Fugger d'Augsbourg avaient eu des chartes qui leur concédaient les pays au nord du détroit de Magellan. Dérision et honte, car cette charte est aujourd'hui un « chiffon de papier » ! Un lansquenet allemand, Ulrich Schmidel, a contribué à fonder Buenos-Ayres et Assuncion de Paraguay. Tristesse : ni le Paraguay ni l'Argentine n'appartiennent, même partiellement, jusqu'ici à l'Allemagne ! Au Chili, bien qu'en 1541 Blum, dit Florès, ait bâti le premier moulin à vent de Santiago, et que Valdivia s'appelle « la petite Allemagne », les Allemands ne sont pas encore les maîtres. Ils n'y sont que « sympathiques » et nombreux. Faiblesse que cela ; il s'agit d'éliminer en hâte l'influence yankee, l'influence anglaise, enfin l'influence heureusement déjà déclinante des Français qui sombrent, comme c'est leur habitude, dans la corruption générale :

« Les Allemands, par leurs aptitudes et leur travail, seraient désignés pour être les éducateurs et les chefs intellectuels, économiques et politiques de ces peuples (de l'Amérique espagnole et portugaise). Si les Allemands ne réussissent pas dans cette mission, ces pays tôt ou tard, à la suite de leur faillite politique ou financière, tomberont sous l'exploitation et sous la domination des États-Unis » (1).

Que faut-il donc, outre une main-mise permanente par les Universités allemandes, la langue et les mœurs allemandes sur les jeunes générations qui naîtront des colons allemands déjà installés? La règle est toujours la même : « *organiser l'émigration.* » C'est à l'Empire allemand à la diriger. Le pangermanisme continental veut coloniser les marches de l'empire, Lorraine, Belgique, Pologne, Hongrie, pays balkaniques. Le pangermanisme colonial prétend envahir le Nouveau Monde.

« Il faut savoir porter en ligne de compte le profit idéal qui consiste à collaborer à la grande tâche humaine de coloniser la terre et de faire rayonner la civilisation. Ne serions-nous pas en état de comprendre et de déplorer l'immense perte qu'il y aurait pour le développement de l'humanité, si une race civilisée aussi éminente (que l'allemande) limitait artificiellement, par des vices et des ruses, son accroissement? »

Alfred Funke a jeté son dévolu plutôt sur le Brésil, et en particulier sur le *Rio Grande do Sul*, où les Allemands ont une écrasante majorité (2). Il leur conseille de s'emparer de l'influence politique.

« Le Gouvernement a su, par toutes sortes d'expédients électoraux, frustrer les Allemands de l'influence politique qu'ils doivent avoir sans conteste, eu égard à leur nombre. Il est rare qu'on trouve un nom allemand sur les listes électorales. Leur nombre pourtant leur donne incontestablement le droit d'y figurer et de faire représenter par des nationaux allemands, au Parlement et au Sénat, leur volonté et leurs vœux » (3).

C'est comme si les Allemands installés en France et naturalisés (avec ou sans le bénéfice de la loi Delbrück, qui leur permet de conserver la nationalité allemande malgré leur

(1) J. UNOLD. *Das Deutschtum in Chile*, 1899, p. 62, 65.

(2) ALFRED FUNKE. *Die Besiedlung des östlichen Süd-Amerika, mit besonderer Berücksichtigung des Deutschtums* (Angewandte Geographie, 1re série, fasc. 10), 1903.

(3) *Ibid.*, p. 46, 64.

naturalisation) demandaient à avoir des représentants « nationaux » dans nos conseils municipaux et départementaux et au Parlement. Pourtant Funke est modéré. Il ne veut pas que les Allemands « se laissent aller à des aspirations politiques qui ne sont pas de mise » (1).

D'autres sont moins discrets. Friedrich Lange, l'apôtre du *Reines Deutschtum*, savait des devoirs plus étendus pour l'État allemand dans l'organisation de l'émigration.

« Une politique prévoyante peut seule, par un recours inexorable (*rücksichtslos*) *à toutes les ressources de sa puissance*, conclure des traités avec les États étrangers, qui ont besoin d'accueillir nos émigrants, et qui, dès lors, finiront aussi par se laisser imposer les conditions jugées nécessaires par notre gouvernement. Les Républiques argentine et brésilienne et, plus ou moins, toutes ces républiques loqueteuses de l'Amérique du Sud se laisseraient dire un mot et entendraient raison, *de gré ou de force* » (2).

Ce à quoi prétend l'Allemagne, quand elle apporte un projet de traité, et qu'elle l'appuie « de toutes les ressources de sa puissance », nous l'avons vu à plusieurs reprises depuis Tanger.

Un autre théoricien, d'un aplomb non moindre, Josef-Ludwig Reimer, va jusqu'à désigner l'ennemi contre lequel on promet de mobiliser la puissance de l'Empire allemand, en échange d'un bon traité d'émigration, avec concessions de territoires et avec représentation nationale accordée aux Allemands dans les pouvoirs publics des Républiques de l'Amérique latine.

« Il ne faut pas croire qu'un tel apport de forces allemandes et d'argent allemand soit désagréable aux États de là-bas (c'est-à-dire de l'Amérique du Sud). Les plus clairvoyants, non seulement accepteraient cette aide matérielle et morale, mais l'accepteraient de bon cœur. Ils y verraient un appui efficace contre leur ennemi naturel, *les États-Unis du Nord*; ennemi qui les contraindra, non seulement à des concessions commerciales,

(1) *Ibid.*, 64.
(2) Friedrich Lange. *Reines Deutschtum*, p. 208.

mais à des cessions de territoire, voire à l'abandon de leur nationalité, dès qu'il en aura la puissance » (1).

Reimer ne dissimule pas que cet « appui matériel et moral » contre les États-Unis pourrait être militaire. Il y a donc deux solutions, entre lesquelles le pangermanisme donne le choix aux Républiques de l'Amérique latine : 1° se laisser infiltrer de population, d'industrie, de capital allemands; se laisser lentement diriger, protéger, finalement gouverner par les Allemands ; et avoir l'appui de l'Empire; ou 2° « entendre raison de force ».

L'Allemagne pose des jalons aux États-Unis et en Océanie. — La politique d'hostilité contre les États-Unis n'est pas la seule qu'on puisse suivre. Quelquefois les pangermanistes préfèrent, provisoirement, la politique d'amitié. Il y a un ennemi plus immédiat de l'Allemagne que la grande République américaine : c'est l'Angleterre. Contre elle il faut se réserver d'abord l'alliance yankee. C'est ce que nous enseigne le Francfortois Julius Gœbel, philologue gœthien, mais pangermaniste militant, et professeur à l'Université d'Illinois :

« La crainte qui était venue à Benjamin Franklin de voir l'Amérique se germaniser n'a pas été dénuée de raison; et si la vie américaine aujourd'hui a une autre physionomie que de son temps, cela doit s'attribuer d'abord à l'influence du germanisme.

« Ce n'est pas à l'Angleterre, mais au peuple allemand et au peuple américain, joints par les liens du sang, comme par de hautes et communes aspirations intellectuelles, que se trouve confié le progrès de la civilisation. Et les gardiens de cette amitié sacrée, ce sont les Allemands d'Amérique » (2).

Ainsi ni l'Angleterre, ni la France, ni l'Italie, ni aucun peuple, grand ou petit, du globe, ne contribuent « au progrès de la civilisation ». Il y faut les Américains seuls, mais surtout les Américains germanisés.

(1) J.-L. Reimer. *Ein pangermanisches Deutschland*, p. 93.
(2) Julius Goebel. *Das Deutschtum in den Vereinigten Staaten*, 1904, p. 77.

Il y a bien eu, dans le passé, une faiblesse du caractère allemand : la population allemande se laissait aisément assimiler de langue et de mœurs, par l'ambiance anglo-saxonne. C'est ce que remarque avec tristesse le publiciste autrichien Emil Jung (1). Ce fut ainsi surtout quand les Allemands émigrants étaient ces pauvres démocrates de la période de 1818 à 1864, exilés volontaires d'une patrie qui avait trompé toutes les promesses de 1815. Ceux-là furent nombreux en Australie et dans les îles de l'Océanie. Quand vint Bismarck, ils firent comme beaucoup de démocrates restés en Allemagne, ils « jetèrent leur bonnet phrygien en loques ». Il suffit, maintenant que l'orgueil allemand est éveillé chez ces Allemands d'outre-Océan, de le rafraîchir par un afflux constant d'émigrants nouveaux.

« L'humanité n'a pas encore fini sa vie. L'entrée dans le siècle nouveau pose à chaque peuple de nouveaux problèmes. Le *cinquième continent* aussi apportera des problèmes. Puisse le peuple allemand tout entier alors être sur place! Dieu le veuille ! » (2).

Le cinquième continent, c'est l'Australie; il n'est pas sûr que l'Angleterre y soit toujours maîtresse. Des velléités d'indépendance peuvent se produire dans plus d'une de ses colonies. La puissance anglaise peut être tenue en échec, dans le Pacifique, par d'autres puissances. Si le *Commonwealth* d'Australie et ses dépendances venaient à se désagréger, il faudrait que le peuple allemand « tout entier », c'est-à-dire avec les forces de l'Empire toutes prêtes, fût sur place.

II. — *Projets de dépècement.*

Ces rêves australiens sont lointains; il y a des Empires plus menacés de décomposition que l'Empire anglais : la Turquie d'abord. Aussi les Allemands la protègent. Mauvais signe pour un pays que d'être protégé par l'Allemagne. Cela

(1) EMIL JUNG. *Das Deutschtum in Australien und Ozeanien*, 1912.
(2) *Ibid.*, p. 85.

annonce que le partage est proche. Quand l'Empereur allemand promit l'indépendance au Sultan du Maroc, on pouvait être sûr qu'il revendiquerait des ports marocains et une part de côte marocaine. Pour l'Empire Ottoman, la *Ligue pangermaniste*, très turcophile, ne fait pas mystère de ses appétits :

« Dès que les événements amèneront la dissolution de la Turquie, aucune puissance ne fera de sérieuses objections à ce que l'Empire allemand en réclame sa part. C'est son droit de puissance mondiale; et elle a un besoin infiniment plus grand d'une telle part que les autres grandes puissances, à cause des centaines de milliers de ses sujets qui émigrent et auxquels il lui faut conserver leur nationalité et leur subsistance économique » (1).

L'Allemagne n'a plus guère d'émigrants aujourd'hui, mais elle n'a pas baissé ses prétentions.

Quelques Allemands réclament la Crète et l'Arménie. — La Crète, depuis un siècle, était à l'état de révolte tous les vingt ans. Elle le fut une fois de plus aux approches de 1900; et l'Arménie de même. Aussitôt, quelques Allemands déclarèrent que la possession de l'Arménie et de la Crète était « une question vitale pour l'Allemagne ». Ils affirmaient qu'un « égoïsme sain » (*ein gesunder nationaler Egoismus*) ne pouvait réclamer moins (2). Pour rien au monde un Allemand ne voudrait être malsain, comme un Latin décadent. Or, ce qui est « sainement » égoïste c'est de fonder une « Nouvelle Allemagne ».

« Il faut que se renouvelle le spectacle qui s'est déroulé il y a 800 ans au delà de l'Elbe. Le paysan allemand avec sa lourde charrue, avec son labeur solide, avec sa crainte de Dieu, et sa sobriété a refoulé le Slave; ou, plus exactement, il l'a soumis, absorbé, l'a fondu avec lui. Serions-nous incapables au XIXe et au XXe siècle, quand l'Allemagne est devenue la première puis-

(1) Manifeste éditorial anonyme de l'*Alldeutscher Verband : Deutschlands Anspruch an das türkische Erbe*, 1896, p. 6.

(2) AMICUS PATRIAE. *Armenien und Kreta. Eine Lebensfrage für Deutschland*, 1896.

sance du monde, de faire ce que nos ancêtres ont pu? Il faut que l'Allemagne saisisse de sa main puissante l'Asie Mineure » (1).

La Turquie résistera peut-être :

« Le Turc a perdu ses droits, non seulement au point de vue moral, mais encore au point de vue strictement juridique. Il avait pris, au Congrès de Berlin, en 1878, des engagements dont il n'a pas tenu un seul. Ses titres sont nuls aujourd'hui ».

Ce sera peut-être la conflagration européenne :

« Si la santé, si la vie de l'Allemagne exigent cette cure mortellement redoutable, eh bien donc! à la grâce de Dieu. Je n'hésite pas à en prendre sur moi l'effrayante responsabilité.... Dieu n'abandonne jamais un bon Allemand » (2).

Ainsi je ne sais quelle croyance en des nécessités biologiques, dont on fait des fatalités, et une superstitieuse dévotion qui mobilise Dieu-même au service de l'Allemagne, développe, du haut en bas de l'échelle intellectuelle en Allemagne, cet état d'esprit redoutable qui accepte et appelle une guerre européenne, comme une épreuve que le Seigneur envoie à son peuple élu, afin de le bénir.

Projets sur la Mésopotamie. — Aussi bien, les provinces turques ont beau n'être pas en révolte, elles sont tout de même promises au peuple allemand par une désignation quasi-divine. Voilà longtemps que les explorateurs allemands ne peuvent voyager en Babylonie et en Assyrie, sans songer : « Comment se fait-il que l'ancien Eden, le paradis terrestre si abandonné aujourd'hui, le vieil Irak-Arabi, ne soit pas allemand? » Anton Sprenger, arabisant de son métier, depuis trente ans, n'a pas d'autre rêve :

« L'Orient est le seul territoire du globe qui n'ait pas subi la main-mise d'une des nations ambitieuses du globe. Mais il est aussi le plus beau domaine de colonisation; et si l'Allemagne ne laisse pas échapper cette occasion, si elle saisit ce domaine avant que les Cosaques ne mettent la main dessus, elle aura,

(1) *Ibid.*, p. 13, 15.
(2) *Ibid.*, p. 15, 16.

dans le partage de la terre, conquis la meilleure part. L'Empereur allemand, dès que quelques centaines de mille de colons allemands en armes cultiveront ces plaines admirables, aura les destinées de l'Asie-Antérieure en son pouvoir ; il peut être et sera un protecteur de la paix pour l'Asie entière » (1).

Et de peur que la Babylonie ne suffise pas à constituer cette part « la meilleure dans le partage de la terre », que réclame l'Allemagne, Sprenger ne dédaignerait pas d'y ajouter la Syrie.

Karl Kaerger, voyageur et économiste, conseillait, en 1892, de joindre à cette politique de colonisation une union douanière avec la Turquie.

« Si l'Empire allemand, tout en conservant l'amitié de l'Autriche et de l'Italie, que la situation politique européenne commande en tout état de cause de sauvegarder, parvient à diriger le flot de ses émigrants sur les riches territoires de la Turquie, et à conclure avec cette dernière une étroite union douanière, tout l'avenir économique, et dès lors aussi tout l'avenir politique de l'Allemagne s'appuierait sur une base plus large et plus ferme » (2).

Le souci principal de Kaerger était que la Russie ou l'Angleterre ne puissent devancer l'Allemagne. Comment les Turcs peuvent-ils se méprendre sur l'amitié soudaine des Allemands pour eux ? Ce n'est pas faute de déclarations très nettes des pangermanistes à ce sujet. Il est vrai que cette amitié va loin ; elle va jusqu'à la complicité dans les massacres arméniens ou macédoniens. Elle compte se faire payer plus tard cette complicité sanglante.

Sérénité du parti national-social devant les massacres de chrétiens en Arménie. — Projets sur la Méditerranée. — En 1898, Guillaume II fit son voyage de Palestine, camouflé en croisé. Sa croisade était toutefois d'une sorte nouvelle. Il visita le Saint-Sépulcre ; mais il déclara,

(1) A. Sprenger. *Babylonien, das reichste Land in der Vorzeit und das ohnendste Kolonisationsfeld für die Gegenwart*, 1886.
(2) Karl Kaerger. *Klein-Asien, ein deutsches Kolonisationsfeld*, 1892.

dans son discours de Damas, qu'il prenait sous sa protection tous les musulmans. Pendant ce temps, les massacres de chrétiens continuaient en Arménie. Pas un moment il ne fut question de leur accorder cette protection allemande, qui allait si largement au padischah et à tous ses sujets. On le conçoit bien, si l'on se rend compte de la politique allemande en Turquie. La diplomatie de l'Allemagne s'est tue sur les motifs qui l'inspiraient ; elle s'est bornée à chercher des querelles graves aux Anglais, aux Français, aux États-Unis qui intervenaient tantôt pour la Macédoine, tantôt pour l'Arménie martyre. Mais les pangermanistes trahissent le secret de la diplomatie. Parmi les thuriféraires de Guillaume II, qui étaient accourus à Jérusalem, pour assister à l'entrée triomphale de l'empereur, le pasteur Naumann fut un des plus empressés. Ce ministre de l'Évangile a toujours eu horreur du pacifisme. Il n'a souci que de la grandeur teutonique. Le cœur lui saigne, quand on massacre des chrétiens ; mais la politique et le christianisme font deux. Il faut écouter le devoir moral le plus haut. Ce devoir, c'est de « réaliser la plus grande Allemagne ». On jugera si nous exagérons :

« Tout affaiblissement de l'énergie nationale allemande par des associations pacifistes ou par d'autres efforts analogues sert la puissance redoutablement croissante de ceux qui dominent aujourd'hui du Cap au Caire, de Ceylan à l'océan Glacial.... Pas de fraternité avec l'Angleterre ! Faisons de la politique nationale !

« Voilà surtout ce qui détermine notre attitude dans la question d'Orient. Voilà la raison profonde pour laquelle il nous faut être politiquement indifférents aux souffrances du peuple chrétien dans l'Empire turc, si douloureux que ce puisse être à notre sentiment.... Si la Turquie se désagrège aujourd'hui, les morceaux en seront le jouet des grandes puissances. Et nous, comme souvent dans le passé, nous reviendrons bredouilles. Il nous faut retarder la catastrophe. Que la Turquie ait la constitution qu'elle voudra, pourvu qu'elle puisse se maintenir à flot encore quelque temps.

« Bismarck nous a enseigné à séparer la politique extérieure de la politique intérieure. Il en va de même pour les missions chrétiennes. Comme chrétiens, nous souhaitons l'expansion de la foi qui nous sauve. Mais notre politique n'a pas pour tâche de s'occuper de missions chrétiennes.

« La vérité, là comme ailleurs, c'est qu'il faut chercher où est la tâche la plus grande et moralement la plus importante. Quand on a fait son choix, il ne faut plus tergiverser. Guillaume II a fait son choix, il est l'ami du padischah, parce qu'il a foi en une plus grande Allemagne » (1).

Cette plus grande Allemagne, il faudra donc la chercher en Turquie. Moltke, dès 1846, avait fait le plan d'une principauté en Palestine ; Naumann veut toute l'Asie Mineure aux mains des Allemands.

« Qu'on imagine à la tête d'un territoire tel que la Palestine quelques fonctionnaires fermes, raides, incorruptibles, qui, avec une promptitude européenne, courraient le pays à cheval. Ils seront décriés comme Satan, mais ils seront utiles comme des anges » (2).

Et tous ces anges auront la casquette prussienne. Ils feront la réforme militaire, la réforme financière et la réforme agraire:

« On mettra en œuvre une sorte de dictature amicale, qui souvent parlera à la Turquie, comme on parle à l'oiseau du proverbe : « Mange ou crève !... » Pendant ce temps, sur toutes les rives de la Méditerranée des Allemands se fixent. Bonne chance, frères! Soyez laborieux! remuez-vous! *Cette vieille mer verra encore bien des choses*! Vous avez tous entre vos mains une parcelle de la vie à venir de l'Allemagne » (3).

Il est sûr que cette vieille Méditerranée verra encore bien des choses. Mais ce que rêvait le pasteur Naumann, soutenu par tous les lecteurs de la *Hilfe*, et par le parti national-social qu'il dirige, c'est que la Méditerranée deviendrait un lac germanique, et que l'Asie Mineure jusqu'au golfe Persique serait colonisée et administrée par les Allemands. Il n'y a que des Turcs pour trouver du désintéressement à cette prétention.

Projets sur le Maroc. — Les prétentions allemandes sur le Maroc sont aussi vieilles que les premières explorations

(1) Friedrich Naumann. *Asia*, 1889, p. 145, 148.
(2) *Ibid.*, p. 163.
(3) *Ibid.*, p. 162.

allemandes dans le pays. Rohlfs, Jannasch, Lenz, grands pionniers de la science, étaient préoccupés pourtant de « géographie appliquée » autant que de géologie ou d'ethnographie. Faire de la « géographie appliquée », pour les Allemands, c'est se demander à propos d'un pays quel profit peut en tirer l'Allemagne. Le dernier de ces explorateurs, Theobald Fischer, avait terminé en 1886 une belle et impartiale relation de son voyage. Dix-huit ans après, en 1903, il courut aux journaux de la *Ligue pangermaniste* réclamer pour l'Allemagne toute la côte ouest du Maroc et l'hinterland jusqu'à l'Atlas (1). Cela se passait bien avant Agadir. Mais les pangermanistes ont tenu prêts, dès avant l'incident, des projets sériés, de calibre différent, l'un petit, l'autre majeur, le troisième énorme. Notre diplomatie a eu à compter plus d'une fois avec cette fertilité d'invention dans la rapacité que les explorateurs allemands mettaient à la disposition de leur gouvernement.

a) ***Plan majeur***. — On a beaucoup remarqué, en 1911, la brochure de M. Class, le nouveau président de la *Ligue pangermaniste*; elle parut sous le titre de *Westmarokko deutsch*. C'est le projet même de l'explorateur Theobald Fischer. Ce projet ménage l'ombrageuse Angleterre, et s'abstient de vouloir fonder au Maroc des stations navales ou des ports de guerre, mais il songe à la richesse minière du Maroc, à son sol où prospèreraient les cultures cotonnières et la culture des céréales, à son climat qui en ferait une colonie de peuplement. En viendra-t-on à la délimitation de simples sphères d'influence? Il faut, en ce cas, à l'Allemagne tout le Souss jusqu'au cap Juby en face des Canaries, jusqu'à Marrakech y compris, au Nord, et tout l'hinterland, par-dessus l'Atlas, jusqu'au désert. En doit-on venir au partage? Il faudra davantage : il faut la côte entière jusqu'au cap Sébou, Rabat inclus; une position stratégique dominante, une base large, qui puisse menacer l'Algérie par son flanc ouest, en temps de guerre.

(1) V. le rapport de THEOBALD FISCHER dans *Petermanns Mittheilungen* 1886; ses velléités d'annexion dans *Zwanzig Jahre alldeutscher Arbeit*, 1910, p. 219.

b) ***Plan minimum.*** — « Le parti pangermaniste a parfaitement raison de souhaiter une colonie de peuplement pour notre excédent de population. » C'est un autre spécialiste des questions coloniales, Joachim de Bülow, qui le dit (1). Mais ce vœu légitime ajoute-t-il, les pangermanistes le poursuivent avec une trop pressante insistance. Il y faut plus d'astuce. La France est déclinante, disent ces coloniaux plus avisés, mais elle n'est pas impuissante. Si on lui laisse la montagne stérile, sans la plaine qui seule est riche, pacifiera-t-elle la région montagneuse, si turbulente et d'où descendent périodiquement les invasions qui ravagent la plaine? La France ne peut, par dignité, céder que le Souss. Que les Allemands fassent d'Agadir une place forte vaste, capable de rester isolée en cas de blocus pendant des semaines. Pour le reste du Maroc, qu'on se réserve la « porte ouverte » économiquement et la juridiction sur les protégés de l'Allemagne. Un noyau de cow-boys allemands énergiques, de paysans-soldats, de *rough-riders*, qui sauront travailler avec le fusil près de leur charrue, mettra le sol en valeur. Que l'Allemagne, à part cela, laisse la France, par gloriole, conquérir le Maroc du Nord, ce sera tout bénéfice :

« Il est impossible que la France garde le Maroc, même pendant des dizaines d'années. Si sa population diminue, comme elle l'a fait dans les derniers temps, on peut calculer le moment où elle sera obligée de s'adresser à ses voisins pour avoir des hommes. Auparavant, elle s'estimera heureuse de céder ses colonies à la nation la plus forte » (2).

Ce que Joachim de Bülow reproche à la *Ligue pangermaniste*, c'est son impatience. La conquête du Maroc, si elle doit coûter une guerre européenne, coûterait plus qu'elle ne vaut. En ne demandant que le Souss, les pangermanistes modérés espèrent le Maroc entier par la défaillance lente, mais jugée par eux inévitable, de l'énergie française.

c) ***Le plan démesuré.*** — Ce grand et ce petit projet,

(1) Joachim von Bülow. *West-Marokko deutsch?* 1911, p. 23.
(2) *Ibid.*, p. 25.

inégaux par le risque où ils entraînent l'Allemagne, avaient l'inconvénient d'être tous les deux déshonorants. L'Empereur et trois chanceliers successifs n'avaient-ils pas dit que l'Allemagne ne revendiquait aucune possession territoriale au Maroc ? Qu'elle en prît maintenant la plus petite parcelle, trois chanceliers et le monarque étaient convaincus d'hypocrisie grossière. La seule résolution digne de l'Allemagne était plus grave. C'est celle que réclamait Max Harden, dans la *Zukunft* du 29 juillet 1911 :

« Nous pourrions dire que l'arrogance hostile des puissances occidentales nous délie de toutes nos obligations contractuelles, nous fait échapper de toutes les geôles verbales, et qu'elle contraint l'Empire allemand, résolu à sauvegarder ses droits vitaux, à reprendre la vieille politique conquérante de la Prusse.

« *Tout le Maroc à l'Allemagne*, des canons allemands sur la route de l'Égypte et de l'Inde ; des troupes allemandes sur la frontière algérienne : voilà qui serait un objet digne de grands sacrifices.

« Quand on peut mettre cinq millions de soldats allemands sur pied, on peut prescrire aux Français les conditions sous lesquelles elle peut conserver l'Empire de l'Afrique du Nord, la « Nouvelle France » avec ses divisions de brunes troupes d'Algérie.... Ce n'est ni au Souss ni au Congo que nous voulons être « dédommagés ». La lutte est engagée dont l'enjeu, c'est la puissance, l'avenir de l'Empire allemand » (1).

On a bien lu. Il y a des conditions, sans lesquelles la France ne pourra garder ni l'Algérie ni ses troupes d'Afrique. Et ces conditions, c'est l'Allemagne, embusquée comme par défi sur les deux routes maritimes principales de l'Angleterre, qui entend les prescrire.

Projets sur l'Afrique Centrale. — L'une des raisons de la « jalousie » haineuse que les pangermanistes attribuent à l'Angleterre, c'est que l'Afrique allemande de l'Est coupe par le milieu la longue bande de terre qui, par la Rhodésia et l'Ouganda anglais, aurait joint le Cap au Caire. Les

(1) MAX HARDEN. *Zukunft* du 29 juillet 1911.

mêmes hommes oublient les menaces brutales qu'ils n'ont cessé de proférer contre la puissance anglaise en Afrique.

Le pasteur Naumann, au moment même où il revendiquait la protection de l'Empire turc comme une part de l'héritage de Napoléon III, dévolu à l'Allemagne après Sedan, étendait au-delà ses visées :

« Il y a un endroit, hélas! où nous n'avons pu hériter des Français : c'est Suez.... Les Anglais ont besoin du canal de Suez pour maintenir et assurer leur domination dans le monde. Celui qui réussira, dans la prochaine guerre, à couler deux vieux navires dans le canal du Suez, pourra ouvrir la première trouée dans la formidable puissance de l'Angleterre » (1).

Paul Rohrbach, voyageur connu par des relations importantes sur ses randonnées en Asie Mineure, fonctionnaire haut placé au ministère des colonies de l'Empire, et l'un de ces impérialistes qui aguichent les foules par je ne sais quel programme de réformes administratives démocratiques, fut, dans les dernières années, l'un des plus écoutés parmi les conférenciers berlinois, et le plus inlassable parmi les propagandistes de revue qui prétendaient gagner l'amitié de l'Angleterre par des menaces (2).

« L'ère des acquisitions coloniales de l'Allemagne, dit-il, ne peut pas encore être considérée comme close.... En Afrique, les possessions allemandes sont encore très extensibles, et c'est pourquoi cette extension doit avoir et aura lieu en un moment propice, qui peut-être n'est pas éloigné....

« Il n'est pas besoin d'être prophète pour prédire que le revirement définitif parmi les puissances coloniales est encore à venir et que ce sera notre tâche de créer une Allemagne africaine notablement plus étendue que nous ne la possédons aujourd'hui. » (3).

Où prendre cette extension de l'Allemagne africaine?

(1) Fr. Naumann. *Asia*, p. 143.

(2) Paul Rohrbach est un collaborateur régulier des *Preussische Jahrbücher* de Hans Delbrück. Il a réuni ses thèses dans deux livres principaux: *Deutschland unter den Weltvölkern*, 3e édit., 1911. *Der deutsche Gedanke in der Welt*. 50e mille, 1912.

(3) Paul Rohrbach. *Der deutsche Gedanke in der Welt*, p. 134.

Rohrbach songe avant tout aux hauts plateaux de l'Afrique du Sud et du Centre, habitables pour les blancs. La Rhodésia anglaise? Il ne faut pas l'espérer. Il ne peut donc être question que du Mozambique et davantage des régions hautes de l'Angola et de la partie méridionale du Congo Belge. Dès lors, il n'est pas difficile de deviner que les impérialistes du ministère des colonies de l'Empire projettent de dépouiller la Belgique et le Portugal. L'Angleterre défendra-t-elle son vieil allié portugais et la Belgique neutre? Les Allemands pensent qu'elle préférera une félonie envers les petits États, ses protégés, à une constante inquiétude qui lui vient d'un voisin puissant; et, en pareil cas, il est de bonne guerre de menacer :

« Quand l'Angleterre en 1882 occupa l'Egypte, les chefs responsables de la politique anglaise se rendaient parfaitement compte qu'ils créaient par là une position stratégique vulnérable par la voie de terre, par l'Asie Mineure et la Syrie.... L'Égypte est la clef de voûte de la domination anglaise dans l'océan Indien; de sa posession dépend tout le Soudan, jusqu'aux sources du Nil » (1).

On peut donc prendre de flanc toute la position stratégique anglaise d'Afrique, en l'attaquant en Égypte. Rohrbach ne dissimule pas que c'est la préoccupation principale qui a fait adopter aux ingénieurs allemands, pour le Bagdad, un tracé qui permet une concentration rapide des troupes ottomanes en Syrie. Après quoi l'Angleterre se montrera prompte aux concessions.

Il paraît avéré que des pourparlers étaient engagés, avant la guerre, entre sir Edward Grey et le prince Lichnowsky, ambassadeur d'Allemagne à Londres. Nous ne savons rien de leur teneur, si ce n'est que le Portugal semble en avoir fait les frais. L'intégrité territoriale de ses colonies était probablement garantie, mais les plus larges privilèges économiques allaient probablement être stipulés pour l'Allemagne. Chez les Belges, l'inquiétude commençait à s'aviver, depuis

(1) *Ibid.*, p. 166.

que le traité franco-allemand de 1911 laissait le Cameroun allonger deux griffes jusqu'au Congo. L'explorateur allemand Emil Zimmermann qui, pendant dix mois de l'année 1913 a sillonné l'État du Congo, a vu là-bas les ingénieurs, les commerçants, les planteurs belges revenir sans cesse à cette question : « Qu'est-ce que les deux serres d'aigle qui saisissent le Congo belge près de Boyo et sur l'Oubanghi? » (1). Que voulaient pourtant ces Belges, pacifiques entre tous, et qui, dans un labeur vieux de vingt années, ont su faire prospérer leur colonie? Ils cherchaient à faire de Boma, de Matadi sur le Congo des ports importants. Leur méfiance, redoutant une attaque allemande par l'Est-Afrique et par le Cameroun, hésitait à brancher les voies ferrées belges sur les voies allemandes. Criminel aveuglement, disent les Allemands, que d'imaginer la possibilité, quand on est la Belgique, de concurrencer Dar-es-Salam, dont l'Allemagne veut faire son grand port en Afrique orientale :

« Dans une lutte où il s'agit de savoir qui pourra, sur son territoire, créer les ports africains les mieux outillés et les mieux placés, on croit chimériquement que l'on peut encore distancer le voisin allemand?... Si, du côté belge, on ne se montre pas disposé à conclure une entente avec notre chemin de fer de l'Afrique Centrale, il faudra que de Hambourg et d'Anvers à l'embouchure du Loukouga (2) nos chargements soient transportés, d'après un tarif particulier, et à meilleur compte que la Belgique ne peut amener les siens jusqu'à Stanley Pool » (3).

On peut juger, par cet exemple, de ce que l'Allemagne appelle la politique de la « porte ouverte ». Elle pèse de toute sa force diplomatique ou militaire sur les pays les plus faibles, pour leur interdire d'élever une barrière de tarifs. Puis, ayant obtenu le régime d'égalité, elle le détruit de ses propres mains par un système de primes ou par des tarifs

(1) Emil Zimmermann. *Was ist uns Zentral-Afrika?* 1914, p. 33.
(2) Le Loukouga est un émissaire du lac Tanganijka qui se jette dans le Congo.
(3) Emil Zimmermann, *loc. cit.*, p. 9, 38.

différentiels, jusqu'à l'anéantissement commercial total des rivaux.

Jusqu'où devait s'étendre la sphère de l'influence économique des Allemands dans l'Afrique Centrale? C'est ce que nous apprend une brochure pleine de talent, signalée en son temps par les *Preussische Jahrbücher*, avec les plus grands éloges, et qui, tout anonyme qu'elle soit, a certainement une haute origine : *Deutsche Weltpolitik und kein Krieg* par ***...., Berlin, 1912. L'auteur est pacifique autant qu'un Allemand pouvait l'être avant 1914. Il sait qu'une politique coloniale allemande suppose de toute nécessité l'assentiment de l'Angleterre et la neutralité de la Russie. C'est en Afrique Centrale qu'une politique allemande pacifique a le plus de chances de prendre pied ; car elle ne menacerait pas l'Angleterre et la Russie à la fois, comme la politique qui veut conquérir la Mésopotamie. Que cette politique africaine ne fût pas, elle aussi, une politique d'éviction, qui le penserait? Mais il y a différentes méthodes d'éviction. Il se peut vraiment que le Congo belge ait besoin de capitaux; que le Mozambique manque de sécurité faute de chemins de fer; que l'Angola, qui a des ports excellents, ne puisse les mettre en valeur parce que son hinterland est trop inculte et démuni de voies de communication. Les capitaux y sont rares; la banque allemande pourrait en fournir. L'industrie allemande fournirait les rails de chemin de fer, qui rendraient à l'agriculture la main-d'œuvre absorbée par les procédés primitifs du « portage ». L'Afrique Centrale deviendrait un seul et même domaine économique, sillonné par un réseau ferré unifié. Et comment l'Allemagne, qui aurait créé ce domaine, qui y aurait importé ses colons, ne finirait-elle pas par y prédominer politiquement? En dix ans, cet économiste inconnu, mais haut placé, se flattait d'y faire un commerce allemand d'un milliard par an. Plan énorme, qui était toutefois discutable à cause de sa grandeur. Déjà l'Angleterre commençait à le discuter. Sa neutralité eût été certaine, si cette discussion s'était poursuivie dans la paix. L'hostilité de la Russie n'était pas à craindre. On pouvait faire un bout de chemin notable avec la diplomatie allemande dans cette voie. Un immense Empire africain pouvait être acquis à l'Allemagne par un effort pacifique et une négociation patiente. Criminels les hommes qui, à cet avenir immense et glorieux qui leur ouvrait l'Afrique Centrale, ont préféré l'aventure sanglante d'une guerre européenne généralisée !

La responsabilité des agitateurs pangermanistes reste ainsi à tout jamais effroyable. Une « politique mondiale » de l'Allemagne était possible dans la paix et déjà s'esquissait par des pourparlers actifs (1). Une large autonomie accordée à toutes les colonies européennes de l'Afrique Centrale eût permis de les fédérer entre elles, et de ménager l'amour-propre de toutes les métropoles, même des plus petites. Un calcul de brutale frénésie a préféré les solutions de violence (2).

(1) On verra dans l'Appendice que la responsabilité des agitateurs austro-hongrois n'est pas moindre. Une extension pacifique de l'Autriche-Hongrie était concevable par une confédération balkanique, où toutes les nationalités fussent entrées de leur plein gré et avec leur pleine indépendance. Le plan pangermaniste était réalisable peut-être tout entier dans la paix. Les puissances de la Triple-Entente et les petites nationalités menacées ne pouvaient le contre-carrer que par la propagande pacifique des idées d'Occident et par une lutte commerciale très dure. L'Autriche-Hongrie a perdu patience.

(2) Le plan de l'Allemagne ressort nettement de la *Kaiserzeitung des Ostheeres*, éditée officiellement par l'administration de la presse de la *Kommandantur* allemande de Lodz, pour l'anniversaire de Guillaume II (27 janvier 1915) :

« Une guerre victorieuse... nous donnera le Congo belge, le Congo français, et, si le Portugal continue à traduire par des actes ses intentions hostiles à notre égard, nous donnera aussi les colonies portugaises sur les côtes orientale et occidentale de l'Afrique. Nous aurons ainsi un Empire colonial allemand tel que nos pères, qui souriaient narquoisement de nos premiers débuts coloniaux, ne l'auraient jamais pu rêver. Mais ce qui importe surtout, dans ce partage probable du monde africain, c'est que par lui nous aurons mis fin aux efforts anglais qui visent à la domination exclusive du Cap au Caire. Entre l'Égypte, *qui est encore anglaise*, et le Sud-Afrique anglo-boer, s'étendra la ceinture immense de nos gigantesques possessions coloniales, de l'Océan Indien à l'Atlantique. *Encore anglaise*, disons-nous, de l'Afrique du Nord-Est et du Sud. Car qui sait ce qui adviendra, quand s'accomplira la parole du poète : « Un jour le germanisme fera le salut du monde? » (Cité dans *J'accuse*, von einem Deutschen. Lausanne, 1915, p. 315).

Ce calcul, malgré la minutie de ses prévisions de détail, se trouvera erroné dans l'ensemble. C'est qu'une pensée l'inspirait, d'une si tyrannique fantaisie, et si aveuglément attachée aux méthodes de force, qu'elle allait, comme de nécessité, se jeter dans des résolutions contre lesquelles le monde entier devait s'insurger.

VI

DÉFINITION ET MÉTHODES DU PANGERMANISME.

Le pangermanisme nous est apparu comme une avidité omniprésente sur tous les points du globe. Il attaque le Chili, corrode le Brésil, gruge par le dedans toutes les républiques de l'Amérique du Sud, rêve un avenir aux États-Unis. Il prétend attaquer l'Angleterre en Égypte et aux Indes, absorber l'Afrique Centrale. La Mésopotamie, toute l'Asie-Mineure, il la veut sienne. Sur l'Europe, il fait tache d'huile.

« Le territoire futur de l'expansion allemande, situé entre les territoires des puissances de l'Est et de l'Ouest, devra absorber tous les pays mitoyens ; s'étendre de la mer du Nord et de la Baltique par les Pays-Bas, en incluant le Luxembourg et la Suisse jusqu'au territoire danubien, jusqu'à la Péninsule balkanique, et comprendra l'Asie Mineure jusqu'au Golfe persique. De tout ce grand territoire, il faudra éliminer toute influence étrangère » (1).

L'Allemagne ne tolérait pas qu'on disposât du Maroc sans conférence européenne. Mais qu'il s'agisse de régler le sort de la Turquie, par exemple, et de résoudre la question d'Orient, le pangermanisme n'admet plus que les puissances associées au Congrès de Berlin aient leur mot à dire. Ce que se propose le pangermanisme, c'est, selon la définition d'un des plus modérés de ses adeptes, Paul Rohrbach, de faire triompher « l'idée allemande dans le monde ». Le germanisme prétend devenir une des forces « qui déterminent la forme des événements dans l'univers » présent et futur. Mais n'était-il donc pas une de ces forces, et l'une des plus incontestées? et si la civilisation allemande a des qualités propres de rayonnement et de vigueur, comment ne se serait-elle pas fait sa place dans l'humanité?

(1) Ernst Hasse. *Weltpolitik* (*Deutsche Politik*, fasc. V), p. 65.

Il lui faut plus.

« Rome, la première, comme maîtresse du monde, a pu déterminer les formes de pensée par lesquelles a été régie l'existence politique et juridique des hommes qui ont vécu après elle. »

Aujourd'hui, les Anglo-Saxons semblent prendre la place de Rome. La Russie, par son inculture; la France, par sa faible natalité, sont privées de toute espérance. L'Allemagne, elle, n'est pas prête au renoncement :

« La nation allemande seule s'est développée de telle sorte, à côté des Anglo-Saxons, qu'elle semble assez nombreuse et intérieurement forte, pour exiger que son idée nationale ait une part décisive dans le droit de donner sa forme à l'ère future » (1).

La vieille remarque de Heine se trouve vraie : l'Allemagne hait ses ennemis jusque dans leur esprit. Il ne s'agit pas seulement pour elle de conquérir une place au soleil. C'est la pensée slave, française, qu'elle prétend extirper du monde. Max Harden l'a dit, après Alexander von Peez : au siècle prochain il n'y aura plus que trois ou quatre grandes puissances : l'Empire russe, la Chine, le bloc anglo-saxon. L'Allemagne se résignera-t-elle à être une petite puissance continentale comme la France? Cela ne sera pas dit. Il faut l'Europe à l'Allemagne pour équivaloir aux trois grandes rivales. La France seule fait obstacle à cette union. Il est nécessaire qu'elle cède ou soit vaincue; pourquoi ne céderait-elle pas ?

« La Grande-Bretagne et l'Amérique du Nord tendent à former une communauté d'intérêts. Sur deux Océans, les Anglo-Saxons des deux continents se groupent pour l'unité du vouloir. L'hégémonie de la race blanche leur appartiendra, si nous n'apaisons pas le vieux conflit. Unis aux Français, nous serions invincibles, sur terre et sur mer.

« Nous sommes en mesure d'offrir aux Français plus que toute autre puissance : la garantie d'un grand Empire africain; la possibilité de diminuer les dépenses pour l'armée et de consacrer les excédents aux constructions navales; des placements

(1) Paul Rohrbach. *Der deutsche Gedanke in der Welt*, p. 7.

plus sûrs et plus abondamment rémunérateurs pour ses capitaux, que ne les fournissent des rentes sur les États de l'Europe orientale; des organisateurs d'industrie et des agents de commerce. Par contre, nous pouvons aussi leur prendre beaucoup; non pas seulement vingt milliards, mais aussi de vieilles terres carolingiennes et bourguignonnes; des colonies fertiles et la liberté des mouvements dans cette Méditerranée qu'un Gibraltar allemand près de Toulon transformerait en une geôle » (1).

Si l'Allemagne n'avait à offrir à la France, pour prix de notre amitié, que le cadeau de ses « organisateurs d'industrie et de ses agents de commerce », quoi d'étonnant que la France ait pris les mesures qui empêcheront à tout jamais Toulon de devenir un Gibraltar allemand et grâce auxquelles elle ne devra pas son Empire africain à la protection allemande?

Avec les fins du pangermanisme, ce sont ses méthodes désormais qui apparaissent. Elles sont d'une rare monotonie:

« Notre situation, par bonheur, est telle dans le monde, disait Friedrich Lange, *leader* du *Reines Deutschtum*, que s'il faut faire quelque part des sacrifices à la paix, c'est aux autres peuples d'abord, et ce n'est qu'en dernier lieu au peuple allemand faire ces sacrifices » (2).

Klaus Wagner, le théoricien brillant du livre *de la Guerre* disait :

« Si nous ne voulons pas fermer les yeux à la nécessité de l'évolution, il nous faut aussi reconnaître la nécessité de la guerre. Il nous faut faire adhésion à la guerre qui durera tant qu'il y aura des choses qui deviennent et qui sont, à la guerre éternelle » (3).

Cette guerre, que l'Allemagne, dans sa vigoureuse croissance, fait sourdement toujours, parce que vivre, c'est lutter, l'Allemagne est en outre prête à la déchaîner ouvertement, dès que la résistance d'autrui lui semblera prouver qu'on la croit capable de faiblir.

(1) MAX HARDEN, *Zukunft*, 1er juillet et 19 août 1911.
(2) FR. LANGE, *Reines Deutschtum*, p. 214.
(3) KLAUS WAGNER, *Krieg*, p. 257 sq.

« Il faut que la France réapprenne à croire que l'Allemagne, quand l'honneur ou l'intérêt l'exigeront, ne perdra pas un après-midi à mûrir sa résolution de guerre.

« L'Allemagne a la force massive; la France a la flamme. Cette flamme peut guider les deux peuples vers une victoire pacifique. Mais il nous faudra l'étouffer dans le sang, si elle doit seulement échauffer la colère de nos ennemis. Il nous le faudra dès demain. Car la demeure que nous avons délimitée il y a 40 ans devient trop étroite » (1).

Le général von Bernhardi, après avoir démontré que l'Allemagne a besoin de terres nouvelles de peuplement, qu'il les lui faut prendre à autrui, puisqu'il n'en reste pas de vacantes, conclut :

« Il est impossible par des artifices diplomatiques d'améliorer en notre faveur le partage aujourd'hui existant du globe. Si nous voulons procurer à notre peuple la situation mondiale qui lui convient, il nous faut nous confier à notre épée » (2).

C'est là le dernier mot du pangermanisme.

Complicité du gouvernement allemand dans le pangermanisme. — On peut nous objecter que notre analyse se réduit à de l'histoire littéraire. Que signifient des livres de doctrine, des pamphlets politiques, des discours parlementaires, des manifestations de Ligues pangermanistes, quand il s'agit d'expliquer les décisions qui ont été prises par les dirigeants ? Ces livres, ces pamphlets, ces discours n'expliquent pas tout, nous le savons; et voilà une vieille querelle. Pareillement on se demandait déjà quelle responsabilité les philosophes français du XVIIIe siècle avaient dans les événements de la Révolution. Or, il est certain que les philosophes du XVIIIe siècle n'ont pas été insensibles aux besoins du peuple français, qu'ils les ont souvent traduits en paroles, et que leurs idées sont présentes à presque tous les hommes d'action du drame révolutionnaire. Les dirigeants sont fils de leur nation; et les idées d'après lesquelles ils la dirigent

(1) HARDEN. *Zukunft*, 1er juillet et 19 août 1911.
(2) FRIEDRICH VON BERNHARDI. *Vom heutigen Kriege*, I, p. 12.

sont celles dont cette nation se nourrit, et qui circulent dans les livres. Ces idées agissent comme des suggestions quelquefois puissantes. Elles sont toujours des symptômes. L'histoire d'un grand fait social n'a pas le droit de les ignorer.

Pour mettre en évidence le rapport de l'agitation pangermaniste et de l'action gouvernementale allemande, nous allons rappeler quelques dates.

L'idée directrice du *Neuer Kurs*, on l'a vu, avait été celle d'une Confédération des États de l'Europe Centrale, sous l'hégémonie allemande (1). Guillaume II et Caprivi prévoyaient que la réalisation n'en irait pas sans complications graves en Orient. Pourtant l'intention, chère encore aux jeunes années de Guillaume II, d'une offensive immédiate contre la Russie, fut différée par la disgrâce du général de Waldersee. L'alliance franco-russe ne fut pas étrangère sans doute à cette prudence provisoire. Elle mit fin provisoirement aussi à cette politique de « douches froides », par lesquelles la brutalité sénile de Bismarck avait, dans ses dernières années, si souvent ajouté des excitations factices aux ressentiments naturels et encore récents de la France. L'Europe connut près de dix ans de tranquillité.

Cet état de choses changea brusquement dès 1899 (2). M. de Bülow, ministre des Affaires étrangères depuis 1897, allait devenir chancelier en 1900. C'était le plein de la guerre du

(1) Voir plus haut, p. 6 sq.

(2) C'est aussi la date indiquée par M. de Bülow lui-même : « Depuis 1897 s'est achevée une importante évolution dont les contemporains ne se sont pas toujours rendu compte, mais que la postérité reconnaîtra et appréciera. Pendant ces années-là, grâce à la construction de notre flotte, nous avons complètement effectué notre passage à la politique mondiale. Cette ascension à la politique mondiale nous a réussi. » (Le prince de Bülow, *La politique allemande*, traduction française, 1914, p. 123.) L'année 1897 est la date de l'entrée de M. de Bülow au ministère; et il est de fait que depuis son arrivée à la chancellerie, les incidents les plus graves ne cessent de naître coup sur coup. L'idée latente de son livre, c'est que Guillaume Ier et Bismarck ont été, le premier un grand monarque, l'autre un grand ministre; mais qu'il y a, « hissés sur les épaules » de ces devanciers, un monarque et un ministre plus grands, qui sont Guillaume II et Bülow.

Transvaal. L'Allemagne avait-elle eu des visées sur les républiques néerlandaises de l'Afrique du Sud? Avait-elle songé à les « protéger » comme elle veut protéger aujourd'hui la Hollande et comme elle « protège » déjà la Belgique ? Elle a, en tout cas, par un télégramme du *Kaiser*, encouragé ouvertement la résistance de Krüger. Il est probable que les méfiances de l'Angleterre ont été éveillées par là et elle n'a fait que parer le coup prévu par elle en prenant les devants par l'annexion du Transvaal et de l'Orange. C'est là le tournant de l'histoire contemporaine et l'ouverture de la nouvelle période d'inquiétude que l'Allemagne, depuis, a fait peser sur nous.

En novembre 1898 eut lieu le voyage de l'empereur allemand en Palestine. Il y prononça cet étrange discours de Damas, par lequel, tandis qu'une autre puissance détenait, par des traités internationaux, le protectorat des catholiques d'Orient, il se déclara le « protecteur de tous les musulmans ». Que voulait-il dire par l'étrange phrase? Le pasteur Naumann, qui était présent, y voyait dissimulé le calcul de « lointaines et graves possibilités. »

1° « Il est possible que le khalife de Constantinople tombe entre les mains des Russes. Alors il y aura peut-être un khalife arabe, à Damas ou ailleurs. Il sera précieux alors de s'appeler non seulement un ami du sultan, mais de tous les mahométans. Et ce titre peut donner à l'Empereur allemand une portion de puissance politique, utilisable contre une politique ottomane russophile.

2° Il est possible que la guerre mondiale se produise avant la désagrégation de l'Empire ottoman. Alors le khalife de Constantinople élèvera une fois de plus l'étendard de la guerre sainte... L'homme malade se redressera une dernière fois sur sa couche et jettera vers l'Égypte, vers le Soudan, vers l'Afrique orientale, vers la Perse, vers l'Afghanistan et l'Inde cet appel : « Guerre contre l'Angleterre ! »... Il n'est pas sans importance de savoir qui le soutiendra sur son lit, quand il voudra pousser ce cri » (1).

Ainsi cette guerre sainte que l'Allemagne a forcé le sultan

(1) Friedrich Naumann, *Asia*, 1899, p. 152, 153.

à proclamer en 1914, elle y songeait déjà en 1899. Mais elle aurait tâché de créer et de fanatiser un khalife arabe, si le khalife de Constantinople lui avait manqué.

L'annexion du Transvaal par l'Angleterre est la première grande déception de la diplomatie allemande. Depuis lors, Bülow fut menaçant. Il hâta les armements navals. Il déclara le 11 décembre 1899, au Reichstag, à propos de l'accroissement de la flotte :

« On a dit qu'une fois par siècle, il y avait une grande explication, une grande liquidation, pour répartir à nouveau l'influence, la puissance et la possession sur le globe.... Sommes-nous à la veille d'un nouveau partage de la terre ?... En tout cas, nous ne pouvons tolérer qu'une puissance étrangère, qu'un Jupiter étranger, quel qu'il soit, nous dise : « Que faire? j'ai donné toute la terre à d'autres! » (1).... Nous ne pouvons pas et ne voulons pas rester à l'écart, comme des rêveurs, tandis que d'autres se partagent le gâteau.... Si les Anglais parlent d'une *Greater Britain*, les Français d'une *Nouvelle France*, si les Russes se sont ouvert l'Asie, nous aussi nous avons droit à une « plus grande Allemagne » (2).

Il ajouta :

« Dans le siècle à venir, le peuple allemand sera enclume ou marteau » (3).

Or, Albrecht Wirth l'avait remarqué avec justesse, comment, si l'Allemagne devait être marteau, ne devait-on pas s'attendre à ce qu'elle frappât ? Et du reste, on trouve chez le prince de Bülow toutes les locutions pangermanistes. Le 10 janvier 1900, il baptisa le *Deutschland*, le plus grand transatlantique alors existant :

« Comme ce navire prétend être supérieur à tous les autres navires, si nombreux soient-ils, qui sillonnent les mers, de même puisse-t-il être vrai à jamais pour tous les Allemands que *l'Allemagne est au-dessus de tout, au-dessus de tout au monde* » (4).

(1) Allusion au poème de Schiller où Jupiter partage toute la terre et oublie le poète.
(2) BÜLOW, *Reden*, t. I, p. 90, 91.
(3) *Ibid.*, t. I, p. 96.
(4) *Ibid*, t. I, p. 101.

Il dit, en inaugurant le nouveau palais de la Chambre des Seigneurs, le 16 janvier 1904 :

« Que le roi soit à la tête de la Prusse; la Prusse à la tête de l'Allemagne; l'Allemagne à la tête de l'univers » (1).

Cette *Weltpolitik*, commencée en Palestine en 1898, se continua, en 1899, par des entretiens avec la France sur le Maroc. Fréquemment l'empereur parla à l'ambassadeur de France, M. de Noailles, d'intérêts communs franco-allemands dans l'Afrique du Nord. La diplomatie française demanda avec courtoisie à Berlin une estimation des intérêts allemands. Berlin tergiversa longtemps. Brusquement, en 1902, Ernst Hasse, président de la *Ligue pangermaniste*, porta la question à la tribune du Reichstag et demanda le protectorat allemand sur la côte atlantique du Maroc. En même temps, la diplomatie allemande nous faisait des ouvertures plus discrètes qui touchaient à la Méditerranée. Il faut laisser la parole au publiciste qui semble avoir recueilli la pensée de M. de Noailles en personne :

« On cherchait évidemment à lier la question marocaine aux événements hypothétiques qui doivent, selon les désirs des pangermanistes, agiter l'Autriche à la mort de François-Joseph ; et l'on semblait nous insinuer ceci : « Si vous êtes raisonnables, si vous consentez à admettre la prédominance allemande à Trieste, nous autres Allemands n'insisterions pas dans nos revendications sur le Maroc. » Mais le quai d'Orsay ne se laissa pas prendre à ces présents d'Artaxerxès. Il répondit que ces événements étaient trop lointains, tandis que la situation actuelle du Maroc demandait une imminente solution. Et, prenant au mot les prétentions de la diplomatie berlinoise, l'ambassadeur de France indiqua officieusement qu'au cas où un changement s'opèrerait dans le *statu quo* marocain, la France ne ferait, pour sa part, aucune opposition à l'octroi d'un port à l'Allemagne sur la côte atlantique. » (2).

Qu'on veuille bien peser tous les termes de cette réponse française si modérée. La France accordait déjà le principe

(1) Bülow, *Reden*, t. II, p. 34.

(2) *Comment se fera le partage du Maroc.* (*Le Correspondant*, 25 déc. 1905, p. 1096).

d'une compensation à l'Allemagne, pour le cas où elle s'agrandirait au Maroc. Tout ce que le prince de Bülow a dit, depuis, à la tribune ou dans son livre récent, sur des velléités françaises qui se seraient flattées de mettre l'Allemagne devant un *fait accompli* au Maroc, est sûrement d'imagination pure (1). Pourtant, c'est d'alors que datent les querelles retentissantes et réitérées.

Ces visées parurent à M. Delcassé « prévoir l'avenir de trop loin ». Comment, en 1902, prédire ce qui adviendra de l'Autriche-Hongrie à la mort de l'empereur François-Joseph, puisque l'empereur n'est pas mourant? Comment accorder l'appui moral de la France à des acquisitions allemandes sur l'Adriatique, sans que l'Autriche-Hongrie et l'Italie aient été consultées? M. Delcassé laissa tomber prudemment la conversation. Il tint au courant M. de Radolin de ses conventions avec l'Angleterre et avec l'Espagne sur le Maroc; le 12 et le 14 avril 1904, M. de Bülow déclara au Reichstag qu'il connaissait ces accords et qu'il n'en prenait pas ombrage. C'étaient les intérêts de l'Allemagne dans la Méditerranée orientale qui pour lui étaient essentiels. Tout à coup, il se rendit compte que la France résisterait à des plans allemands sur Trieste. Par surcroît, entre 1904 et 1905, M. Constans négociait à Constantinople pour obtenir que toutes les fournitures militaires turques ne fussent pas confiées aux seuls Allemands quand c'était la France qui avait souscrit l'emprunt ottoman.

Cette intrusion française dans la Méditerranée orientale, que l'Allemagne considère comme sa chasse réservée, M. de Bülow est résolu à l'évincer une fois pour toutes. Il crée alors de toutes pièces la question marocaine. En fin de compte, il provoque le débarquement de Guillaume II à Tanger, le 31 mars 1905, et inspire le discours qui promet au sultan du Maroc son indépendance. C'est une impérieuse sommation à la France d'avoir à céder du terrain.

(1) BÜLOW. *Politique allemande*, p. 101, 105.

Il avait reçu du baron Marschall von Bieberstein, ambassadeur allemand à Constantinople, cet avis :

« Si nous livrons le Maroc en dépit de Damas et de Tanger, nous perdons du coup notre position en Turquie, et avec elle les avantages et les perspectives d'avenir, que nous nous sommes acquis péniblement par de longues années de labeur » (1).

Bülow découvre, entre 1904 et 1905, que l'accord franco-anglais de 1904, qu'il avait trouvé inoffensif, quand on le lui avait fait connaître, allait à l'encontre de la conférence de Madrid de 1880, et c'est pourquoi Bülow prétend imposer une consultation de toute l'Europe, à Algésiras. L'Europe eut l'impression violente que rien de ce qui touchait au Maroc ne pouvait se négocier sans l'approbation de l'Allemagne. Les accords de 1909 furent semés d'articles savamment ambigus et gros de litiges futurs.

Sur ces entrefaites, la question d'Orient, la vraie question, avait reparu en 1908, quand Aerenthal mobilisa contre la Serbie et envoya 30 000 fusils aux Albanais. Et, bien que l'annexion de la Bosnie et de l'Herzégovine fût, en tout, contraire au pacte signé par l'Europe entière à Berlin en 1878, Bülow, qui avait fait de la conférence d'Algésiras une question de paix ou de guerre, refusa toute conférence. Il fallut la modération de la Triple-Entente, la sagesse avant tout de M. Fallières, consulté le premier, pour éviter une conflagration européenne. Par un étrange renversement des rôles, c'est au plastronnant chancelier de Bülow, déjà tout inféodé à la brutale politique magyare d'Aerenthal (2), que Guillaume II, en le congédiant, décerna le titre de « prince de la paix ».

Il y eut trois ans d'accalmie. Les grandes idées du règne cependant cheminaient silencieusement. En 1910, le Kronprinz fit son voyage autour du monde. Il séjourna aux Indes. Y était-il allé sans arrière-pensée? L'armée anglaise l'accueillit galamment, par des fêtes et des chasses. On lui mon-

(1) Bülow, *Politique allemande*, p. 105.
(2) V. l'*Appendice*.

tra les secrets militaires les plus graves, les défenses du col de Khaïber :

« A-t-il été agréable aux Anglais, a écrit depuis un spécialiste des choses de l'Inde, Hermann von Staden, que le futur Empereur allemand connût *de visu* cette position, la plus importante de toutes? C'est une autre question. Mais aurait-on pu lui interdire la visite de Khaïber ?

« Pourtant ce qui doit être encore plus vexant pour les Anglais, c'est l'effet que produit cette visite au col de Khaïber sur les Indiens. A quoi songe le futur Empereur allemand? Pourquoi se fait-il montrer la porte d'invasion sur l'Inde, que d'habitude on cache si soigneusement à des yeux européens? Voilà ce que l'Inde entière se demande. Et la réponse que l'on chuchote de Kashmir au cap Comorin, ne peut faire de doute pour personne de ceux qui connaissent la pensée et les silencieuses espérances des Indiens, de tous les Indiens, des Indous autant que des Mahométans » (1).

Personne en Allemagne n'est choqué à l'idée de penser que le Kronprinz a accepté l'hospitalité chevaleresque des officiers anglais, ses camarades, tout en nourrissant des intentions secrètes d'espionnage et des velléités d'encourager, par une manifestation, les sourdes espérances de la révolte indigène.

Quand il revint, toute la moisson des conflits qu'on avait semée avec soin au Maroc commençait à lever. Le sultan, assiégé dans Fez par les rebelles, appelait au secours. La diplomatie allemande contesta longtemps qu'il eût appelé qui que ce fût. Elle contestait surtout qu'il eût le droit d'appeler les Français, ses protecteurs d'après le traité même qui portait la signature de l'Allemagne. Le hasard voulut que tous les Européens ne fussent pas encore massacrés à Fez, quand le gouvernement de M. Monis ordonna au général Moinier d'entrer dans la capitale. Ils ne le furent qu'après. L'Allemagne n'en estima pas moins que, par l'entrée de ses troupes à Fez, la France outrepassait ses droits de police. Mais le 22 mai 1911, la *Konservative Korrespondenz*, le journal personnel de M. de Bülow, inséra un article écrit par un

(1) Hermann von Staden. *Der deutsche Kronprinz in Indien* (*Süddeutsche Monatshefte*, avril 1911).

de ses proches amis, et qui indique bien de quelle sorte ont pu être alors les conseils que MM. de Kiderlen-Waechter et de Bethmann-Hollweg allaient recueillir chez l'ancien chancelier :

« Le sphinx allemand se tait toujours, et le secrétaire d'État des Affaires Étrangères reste avec ostentation en vacances.... Le sphinx cligne des yeux; mais cela ne nous oblige pas à penser qu'il dort. La question marocaine est ouverte et exige une solution. Elle l'aura. Ce jour-là, selon que les Français tiendront telle ou telle conduite, il passera dans le monde ou bien *une grande terreur, qui finira par un grand cliquetis d'armes*, ou bien un grand soulagement. Mais même dans ce dernier cas, ce ne sera pas un soulagement causé par une reculade de l'Allemagne. Dans vingt-quatre heures, les Français seront devant Fez. On les y laissera souffler quelque temps. Après quoi, on entendra le son tranquille, clair et ferme du coup de cloche de Berlin : la douzième heure. Dans cette douzième heure, la question marocaine pourra être résolue pacifiquement, de façon que l'Allemagne reçoive sa part pleine et entière de gestion dans l'Afrique du Nord; sinon, « Mars sera le maître de l'heure » (1).

Ce ne fut pas encore, en 1911, l'heure de Mars. La France céda une partie du Congo. Sa sagesse même, dans la modération, fut peut-être considérée comme une faiblesse. Le ministre allemand des colonies, von Lindequist, démissionna avec éclat, parce qu'il ne jugeait pas suffisantes les concessions françaises. Le kronprinz, en plein Reichstag, protesta par une algarade bruyante contre la faiblesse d'une diplomatie allemande qui se laissait duper. 1913 fut l'année des formidables armements. Le programme de surenchère militaire, proposé par le général pangermaniste von Bernhardi (2), fut adopté à la lettre. Un milliard et demi d'impôts de guerre furent votés par le Reichstag à la presque unanimité, et les socialistes eux-mêmes, par une des pires aberrations dont un grand parti historique se soit jamais rendu coupable, ont voté ces impôts. L'atmosphère allemande se saturait d'une tension

(1) Cité par ALBRECHT WIRTH. *Türkei, Oesterreich, Deutschland.* 1912.
(2) Dans *Deutschland und der nächste Krieg*, 1912.

belliqueuse. Les agents diplomatiques et consulaires de France envoyaient à M. Stephen Pichon des rapports motivés (1), qui n'oubliaient pas de dénombrer en Allemagne des forces de paix, considérables par le nombre, — « la masse profonde des ouvriers, artisans et des paysans, pacifiques d'instinct; un grand nombre d'industriels, de commerçants et de financiers de moyenne importance ». Mais ces forces, disaient-ils avec justesse, étaient « des forces de contrepoids, dont le crédit sur l'opinion était limité, ou des forces sociales de silence, passives et sans défense contre la poussée d'une contagion belliqueuse ». En face, s'organisait « un parti de la guerre, avec des chefs, des troupes, une presse convaincue ou payée pour fabriquer l'opinion, des moyens variés et redoutables pour intimider le gouvernement ». Ce parti, c'est toute la noblesse terrienne, de traditions militaires; c'est la grande bourgeoisie, hostile à la France réputée révolutionnaire. Ce sont « les grands marchands qui demandent de plus grands marchés »; tous les fonctionnaires qui gardent le souvenir de Bismarck; ce sont les intellectuels frais émoulus des universités où « les économistes démontrent à coups de statistiques la nécessité pour l'Allemagne d'avoir un empire colonial et commercial qui réponde au rendement industriel de l'Empire ». Ce sont les *Kriegervereine*, les *Wehrvereine* sans nombre; les ligues navales, maritimes et coloniales. Ce sont les diplomates que l'opinion allemande accuse d'avoir mal fait les affaires de l'Allemagne par la Convention du Congo et qui brûlent d'avoir leur revanche. Ce sont « les historiens, philosophes, publicistes politiques et autres apologistes de la *deutsche Kultur* qui veulent imposer au monde une manière de sentir et de penser spécifiquement allemandes ». Ces forces de réaction sociale, qui ont leur centre dans le corps des officiers hobereaux; ces grandes puissances rapaces de grande finance et de grand commerce; ces appétits vagues

(1) On trouvera un résumé remarquable de ces rapports dans le *Livre Jaune* français (*Note à M. Stephen Pichon*), p. 15 sq.

et furieux qu'on a fait naître dans le peuple, et cette fureur des idéologues, fanatiques, experts à exploiter de vieux souvenirs, ont su s'agglomérer en une masse prodigieuse de mécontentement belliqueux. Ce n'était qu'une minorité sans doute, mais numériquement énorme et socialement prépondérante; l'une de ces « minorités énergiques », auxquelles toutes les guerres, disait Bismarck, sont imputables. Les gouvernants allemands, par disposition native ou pour sauvegarder leur propre crédit auprès des classes socialement les plus considérées, ont dû suivre ces minorités. Le prince de Bülow en personne a souvent reconnu à la *Ligue pangermaniste* le mérite de « stimuler » ou de « maintenir éveillé le sentiment national » (1). Comme s'il avait été nécessaire de stimuler ou de maintenir éveillé un sentiment que toute l'éducation scolaire et universitaire, et toutes les habitudes de la sociabilité allemande ont saturé du plus agressif orgueil depuis quarante-quatre ans! Nous appelons « pangermanisme » les ambitions de cet orgueil savamment cultivé et facile à déchaîner dans des aventures de proie. La part de cette démagogie des puissances dirigeantes en Allemagne devra être faite considérable quand viendra le jour où seront établies les responsabilités.

(1) Bülow. Discours au Reichstag du 14 novembre 1902. (*Reden*, t. I, p. 329). — *Politique allemande*, p. 137.

APPENDICE

COMPLICITÉS EN AUTRICHE-HONGRIE

Notre démonstration ne serait pas complète, si nous ne tenions compte de l'esprit public en Autriche-Hongrie. Le pangermanisme a son foyer principal en Allemagne; mais il a des foyers secondaires en Autriche. Il y a enfin en Hongrie un panmagyarisme, allié de longue date à l'impérialisme allemand.

I. — *Un auxiliaire du germanisme: Le panmagyarisme.*

Les complicités hongroises mériteraient une monographie à part. On ne veut ici que les signaler à l'attention et non les décrire. Il y faudrait un spécialiste. Pourtant, il est de notoriété générale que, depuis longtemps, la politique hongroise a quitté les voies sages d'un Koloman de Tisza, qui ne voulait pas, en Autriche-Hongrie, de « nationalités privilégiées », pas même la nationalité magyare; ou d'un Franz Déak, qui prétendait « faire aimer le magyarisme » de toutes les autres nationalités, slaves, allemandes ou roumaines sur lesquelles

(1) Nous signalerons en particulier les livres français de BERTRAND AUERBACH, *Les races et les nationalités en Autriche-Hongrie*, 1898; — de L. EISENMANN, *Le compromis austro-hongrois*, 1904; et de GEORGES WEIL, *Le pangermanisme en Autriche*, 1904. Les livres autrichiens de THEODOR VON SOSNOSKY, *Die Politik im Habsburgerreiche*, 2 vol. 1912-13; RICHARD CHARMATZ. *Deutsch-Oesterreichische Politik*, 2 vol. 1907; — le livre d'un Hongrois allemand protestataire; HUNGARICUS, *Das magyarische Ungarn und der Dreibund*, 1899; — les beaux livres du démocrate RUDOLF SPRINGER, *Der Kampf der oesterreichischen Nationen um den Staat*, 1902; *Grundlagen und Entwickelungsziele der Oesterreichisch-Ungarischen Monarchie*, 1906.

il règne. Le compromis austro-hongrois de 1867 a créé deux nationalités dirigeantes : les Allemands d'Autriche et les Magyars; à côté de chacune d'elles une nationalité vassale, qu'on ménageait un peu : les Tchèques en Autriche, les Polonais en Galicie; mais au-dessous de chacune d'elles, une foule de petites nationalités qu'on écrasait : les Slovènes, en Autriche; les Ruthènes, les Slovaques, les Croates, les Serbes, les Roumains en Hongrie. Parmi les voisins, il n'y eut pas de peuple qui se sentît plus directement menacé que le royaume Serbe. L'occupation de la Bosnie et de l'Herzégovine, négociée au Congrès de Berlin par le comte Jules Andrassy, en 1878, équivalait à un commencement de strangulation de la nationalité serbe.

Sans la Bosnie et l'Herzégovine, a dit le plus pacifique des ministres serbes, M. Wladan Georgevitch, ni la Serbie ni le Monténégro ne sauraient subsister » (1).

Pourtant la Serbie et le Monténégro ont essayé de subsister sans cette Bosnie et cette Herzégovine, qui sont le noyau historique proprement dit de la vieille Serbie et d'où était partie contre la Turquie la première révolte libératrice de 1876. Ce n'est pas le lieu de dire les tentatives qu'on a multipliées pour égorger la Serbie, économiquement. Wladan Georgevitch a raison de définir ainsi la politique austro-hongroise :

« La mission provisoire que le germanisme a confiée à l'Autriche-Hongrie consiste en ceci : l'Autriche-Hongrie foule aux pieds et réduit en pièces les peuples qui tombent en son pouvoir, elle provoque des conflits entre ces peuples divers ou entre les membres d'un même peuple; elle affaiblit en eux les sentiments nationaux et infiltre ces nations de colons allemands » (2).

Dans cette besogne de désorganisation qui prépare l'invasion du germanisme, les Magyars sont l'avant-garde brutale. Quand nous le disons, ce n'est pas auprès de leurs ennemis que nous nous renseignons; c'est auprès de leurs

(1) WLADAN GEORGEWITSCH, *Die serbische Frage*, 1907, p. 133.
(2) *Ibid.*, p. 123.

propres chefs. Ceux-ci ont cessé de craindre le germanisme d'Autriche; et ils trouvaient avantage, depuis 1867, à se jeter dans les bras du germanisme d'Allemagne. Qu'on lise, dans le livre consacré par le comte Jules Andrassy au compromis austro-hongrois, la définition de cette politique :

« Nous n'avons plus de raison de craindre ni l'absorption sociale par le germanisme ni la germanisation par la puissance de l'État.... Aujourd'hui, les Habsbourg ne représentent plus en Europe l'idée germanique. Ce rôle, les Hohenzollern l'ont assumé....

« Mais la question des nationalités ne peut être résolue que par un règlement des rapports qui existent entre nous et nos voisins de Sud.... Rien ne pourrait rendre plus malaisée notre tâche envers les nationalités (de Hongrie) qu'une situation où nous serions tout à fait à égalité avec nos voisins du Sud, et où ils sentiraient que nous avons besoin d'eux; où ils auraient la possibilité et où ils croiraient avoir le devoir d'obtenir pour leurs congénères de chez nous une organisation nationale. Dans ces circonstances, nos Valaques prendraient l'habitude de diriger leurs regards au dehors, d'attendre du dehors un appui....

« La Hongrie est la gardienne naturelle du développement indépendant de ces États du Sud (la Roumanie, la Bulgarie, etc.). Elle ne les menace donc pas. Voilà ce qu'il y a de juste dans l'idée de confédération.... Mais pour que cette confédération projetée puisse durer et nous soit avantageuse, il faut que nous soyons bien plus forts que nos confédérés » (1).

Qu'on lise bien ce texte vieux de près de vingt ans. Il veut dire que les Magyars consentent à être les amis de la Roumanie, de la Serbie, etc., pourvu qu'ils ne soient pas tenus d'accorder des droits aux Roumains et aux Serbes de Hongrie. Ils consentent encore à s'allier avec la Serbie, la Roumanie, la Bulgarie, à condition que, dans cette confédération, les Magyars soient les maîtres. « Dans toute alliance, a dit cyniquement Bismarck, il y a un cheval et un cavalier. » La Hongrie veut s'allier à toutes les puissances balkaniques jusqu'au Péloponnèse, pourvu qu'elles soient toutes des montures dociles. De plus ambitieux Magyars considèrent

(1) JULIUS ANDRASSY, fils, *Ungarns Ausgleich mit Österreich*, 1897, p. 401, 54.

les Allemands d'Autriche eux-mêmes comme leurs vassaux futurs. On a toujours remarqué l'étrange réponse que fit à M. Dobernig le comte Tisza fils, le 19 décembre 1912, dans un discours prononcé au banquet des Délégations hongroises à Buda-Pest. Naïvement, Dobernig avait proposé l'union des Magyars et de l'Autriche contre les Slaves. Le comte Tisza répondit qu'il souhaitait aussi l'union de la « nation magyare », considérée comme le noyau de l'Empire, et des « peuples de l'Autriche », considérés comme ses satellites. C'est cette politique magyare qui, depuis l'annexion de la Bosnie et de l'Herzégovine, en 1908, multiplie ses coups de boutoir brutaux et a déterminé ces mobilisations successives, qui ont mis en question depuis 1912 le repos de l'Europe.

II. — *Le pangermanisme autrichien.*

A ce panmagyarisme s'oppose un pangermanisme autrichien. Il s'était manifesté en Autriche, dès 1878, un courant teutomane, provoqué par les idées du *Kulturkampf* bismarckien. Ce fut d'abord un mouvement libéral, bientôt un mouvement antisémite; mais il fut pangermaniste toujours. Provisoirement, sans doute, ces Allemands d'Autriche n'avaient pas de visées sur l'Orient. Oublieux des défaites de 1866, éblouis de l'éclat militaire du nouvel Empire allemand, ils comptaient assurer à l'Autriche sa part de la gloire, de la puissance et de la prospérité allemandes, par un rattachement des provinces allemandes d'Autriche à l'Empire allemand. Les plus modérés du parti ne réclamaient pas la déchéance de la dynastie autrichienne. Le fameux « programme de Linz », que signèrent, en 1882, le grand propriétaire foncier, chevalier Georg von Schœnerer, l'historien Friedjung et Victor Adler, devenu depuis le chef du socialisme autrichien, réclamait seulement l'alliance austro-allemande comme une institution permanente et inscrite dans les Constitutions mêmes des deux Empires. On eût réduit le Compromis austro-hongrois à l'union personnelle, et laissé une autonomie large à la Galicie, à la Bukovine, à la Dalmatie. La prédominance allemande sur les Slaves d'Autriche était par là assurée. Mais les outranciers, dont fut Schœnerer lui-même, commencèrent bientôt une propagande follement bismarckienne, antidynastique, anticatholique et antisémitique à la fois. Quand Lueger trouva le moyen d'adopter son programme sans combattre la dynastie, l'enthousiasme déborda à Vienne, qui élut trois fois bourgmestre le fougueux pangermaniste.

Une nouvelle vague furieuse déferla entre 1898 et 1908. Schœnerer put dire au Reichsrat, le 8 novembre 1898, qu'il « rêvait de voir le jour où une armée allemande entrerait en Autriche, pour donner le coup de grâce à celle-ci. » Le député Rudolf Berger, dans un discours à la *Ligue pangermaniste*, le 20 juin 1905, disait :

« Le programme pangermaniste demande que tous les territoires qui ont autrefois fait partie de la Confédération germanique, soient rattachés à l'Empire allemand comme États confédérés.... Le flot slave se briserait, impuissant, contre le peuple allemand uni dans toute l'étendue de l'Europe centrale.... Nous ne nous laisserons pas effrayer même par l'inimitié de la Cour.... Le passage de l'ancien et misérable particularisme allemand d'autrefois à l'Empire allemand d'aujourd'hui a été infiniment plus difficile que ne le sera le passage du régime actuel à l'Allemagne pangermaniste que nous voulons établir. »

En plein Reichsrat encore, le député Franko Stein put dire, le 15 mai 1906 :

« La dynastie et l'État autrichiens nous sont complètement indifférents. Au contraire, nous n'avons qu'un espoir et qu'un vœu : c'est que nous soyons enfin délivrés de cet Etat; c'est que se produise enfin ce qui fatalement doit se produire, la désagrégation de cet État, afin que le peuple allemand d'Autriche puisse, en dehors de cet État, mener une existence glorieuse sous la protection des Hohenzollern. »

Le socialiste Daszinski, pour soutenir la même politique, avait déclaré avec élégance, le 25 septembre 1903 : « Quand cette vieille Autriche crèverait, nous ne verserions pas une larme sur le cadavre du monstre. »

Les projets extérieurs de ce groupe, qui a compté jusqu'à 21 membres au Reichsrat, sont peu clairs. Mais il avait pour lui communément les votes des libéraux, des socialistes et des socialistes chrétiens. L'ambition, d'abord confuse de ces teutomanes autrichiens, se précisait à mesure que prenait forme le pangermanisme d'Allemagne. C'est déjà un programme officieux, en tout cas émané des milieux parlementaires et fonctionnaristes autrichiens que l'article signé TEUT dans la *Gegenwart* du 26 décembre 1903 : *l'Europa centrale ne sera-t-elle pas allemande?* (*Wird Mittel-Europa nicht deutsch sein?*) (1) Le danger paraît réel à cet écrivain de voir échapper, aux douze millions d'Allemands que compte la monarchie austro-hongroise, l'influence due à leur supériorité morale et intellectuelle. Or, pour rétablir l'ordre dans un chaos à demi asiatique (c'est-à-dire Magyar, Ruthène et Tchèque), il faut un « dictateur allemand », qui, d'une « poigne de fer » dégraderait « au rang de provinces la Bohême, la Hongrie, la Galicie ruthène », dans une Autriche désormais unifiée. Des lois d'exception rudes, un régime d'expropriation imité des lois appliquées par la Prusse en Pologne, mettraient à la raison les récalcitrants. La prospérité économique ferait le reste. Il n'y a pas de fierté nationale que la richesse ne fasse fléchir. L'Union douanière de l'Autriche-Hongrie et de l'Allemagne assurerait la supériorité massive des Germains sur 24 millions de Slaves, 8 millions de Magyars, et 4 millions de Roumains. Et ni les Orange hollandais, ni les Cobourg belges, ni les Hohenzollern allemands ne refuseraient d'entrer dans cette Alliance économique et ethnique que proposerait « le dictateur allemand » d'Autriche.

Progressivement ainsi le pangermanisme autrichien rejoint, dans ses rêves, le pangermanisme d'Allemagne.

(1) Ces idées avaient été vulgarisées en Autriche de 1890 à 1900 par un brillant économiste de la Prusse Rhénane, établi à Vienne et devenu membre du Parlement autrichien, Alexander von Peez. Voir son plan d'une « Confédération de l'Europe Centrale » dans *Zur neuesten Handelspolitik* (*Sieben Abhandlungen*) Wien, 1898.

III. — *L'impérialisme trialiste et l'impérialisme colonial en Autriche.*

Ce pangermanisme d'Autriche n'a pas été le plus dangereux des partis autrichiens, tant que le gouvernement allemand restait indifférent à ses avances. Ç'avait été l'attitude adoptée par Bismarck. Le nationalisme allemand d'Autriche avait d'ailleurs un mérite : c'était de contrecarrer le panmagyarisme. Mais il cessait forcément d'être un frein et il ne pouvait que précipiter le mouvement belliqueux, le jour où l'Allemagne en viendrait elle-même aux résolutions aventureuses. Et il a contribué pour une bonne part à éveiller en Autriche le rêve d'un « dictateur allemand », auquel l'archiduc François-Ferdinand, par une attitude rogue très préméditée, donnait une satisfaction provisoire. L'archiduc avait adhéré, avec de notables fractions de la noblesse conservatrice et de la bourgeoisie libérale, à une forme d'impérialisme dit « trialisme » dont le programme était d'élargir le compromis austro-hongrois après apaisement définitif des conflits avec les Magyars, et d'y faire entrer un royaume Slave du Sud, autonome comme la Hongrie.

Léopold von Chlumecky, dans son livre *Oesterreich-Ungarn und Italien* (l'Autriche-Hongrie et l'Italie), 1907, développe nettement la politique extérieure de ce parti (1). Il y a, selon cette doctrine, deux prétentions auxquelles la politique étrangère autrichienne ne peut renoncer : 1° Il faut que l'Autriche garde l'accès de la Méditerranée. — 2° Il faut qu'elle soit prépondérante dans les Balkans de l'Ouest. Il est donc nécessaire à tout prix qu'elle écarte l'Italie de l'Albanie. Il est d'une nécessité non moins urgente qu'elle surveille de

(1) On sait que Léopold von Chlumecky, député autrichien, est fils de Johannes von Chlumecky, qui fut membre du cabinet Auersberg et d'abord ministre de l'agriculture en 1871, puis du commerce en 1875. La nuance politique des Chlumecky était celle de la « gauche modérée », composée surtout de grands propriétaires fonciers. Chlumecky père a présidé la Chambre autrichienne des députés en 1893 ; il siège à la Chambre des Seigneurs depuis 1897.

près les groupements balkaniques qui pourraient un jour, militairement ou moralement, menacer l'intégrité de la monarchie.

« Il ne faut pas que, sous l'égide de puissances étrangères, il se forme dans les Balkans des groupements nationaux ou politiques, qui, dissimulant en eux de nombreuses causes de conflit, porteraient le germe de graves agitations jusqu'en Bosnie, en Dalmatie, en Croatie.

« Toute tentative qui détacherait la Macédoine de la Turquie, hors de l'initiative prépondérante de l'Autriche, toute constitution d'une autonomie macédonienne qui ne s'accomplirait pas par nous et avec nous, comme aussi toute « Confédération balkanique », entraînerait les plus graves ébranlements pour la monarchie... Un tel État chercherait nécessairement à se consolider en attirant à lui d'autres peuples balkaniques.... Nos provinces occupées et les provinces autrichiennes du sud seraient menacées par un nouvel irrédentisme.

« Ce n'est là qu'un intérêt négatif. Il s'y joint pour nous un notable intérêt positif : maintenir ouverte pour nous la route commerciale de Salonique.... Salonique est prédestinée à être la poterne la plus avancée au Sud-Est du commerce de l'Autriche du Sud et de la Hongrie.

« Salonique est notre espérance d'avenir. Un jour, quand l'Asie antérieure sera ouverte à la civilisation, quand le chemin de fer traversera la Mésopotamie et que le rail joindra Smyrne au Golfe Persique, la Macédoine, territoire de transit pour le grand trafic transcontinental qui passera de l'Europe centrale à l'Asie antérieure, atteindra une floraison nouvelle, et Salonique aura une importance considérable » (1).

De cette ambition, l'Italie est l'ennemie la plus dangereuse, par ses vues sur l'Albanie; et Chlumecky ne dissimule pas que des conflits redoutables sont à prévoir si l'Italie continue à revendiquer le *mare nostro* et à menacer sur ses flancs, par l'Albanie où elle s'infiltre, l'avance prochaine de l'Autriche-Hongrie sur Salonique.

Pourtant ce parti trialiste, pas plus que le parti teutomane, n'était tout-puissant. Il était irascible et rogue, mais il ne poussait pas nécessairement aux solutions brusquées

(1) Leopold von Chlumecky. *Österreich-Ungarn und Italien*, 1907, p. 61-63, 233.

comme le panmagyarisme. Il était capable d'obéir à des suggestions dangereuses; mais on pouvait l'apaiser en désignant à l'Autriche-Hongrie des proies substantielles d'une autre sorte. C'est ce que se proposait le parti maritime et colonial fondé sous la direction du comte von Wrede, de Heinrich von Bülow, et dont un éloquent porte-parole a été, dans les dernières années, Anton von Mörl. Ils enseignent que tout peuple a le droit de « vivre sa vie » (*sich auszuleben*) (1). Les peuples aujourd'hui en cherchent le moyen dans ce vaste effort du commerce universel, qui draine les ressources de la terre entière. Le mirage naval, s'il saisissait l'Autriche après l'Allemagne, pouvait procurer la paix au continent européen. Ces théoriciens faisaient remarquer combien la politique « continentaliste » de Bismarck » avait coûté de milliards à l'Allemagne, pour le seul gain de l'Alsace-Lorraine. De même, pour l'Autriche, l'Albanie ne vaut pas la guerre qu'il en coûterait avec les Turcs, avec les Serbes, avec le Monténégro (sans compter la guerre italienne). Corfou, obtenue par cession pacifique, suffirait à maintenir ouvert le canal d'Otrante. Le commerce de Salonique n'aurait jamais qu'une importance locale, si l'on réussissait à faire de Trieste le grand *emporium* qu'elle pourrait être, et si le Danube devenait l'artère puissante par où s'écoulerait sur l'Asie Mineure tout le commerce de l'Europe centrale. « Ainsi la meilleure politique balkanique pour l'Autriche était de ne pas faire de politique balkanique » (2).

Ces partisans d'une forte politique navale et commerciale rappellent avec raison que l'Autriche dispose d'une des plus audacieuses populations de marins qui soient au monde, les marins dalmates; et que le canal de Suez aurait pu faire la fortune de Trieste plus que de tout autre port européen, si l'Autriche avait su se créer un outillage maritime. L'occasion d'assurer cette prospérité peut revenir au jour prochain où le Nouveau Monde se suffira industriellement, et où le

(1). ANTON VON MÖRL, *Das Ende des Kontinentalismus*, 1912.
(2) *Ibid.*, p. 146.

commerce européen cherchera des débouchés dans l'Asie antérieure, réveillée de son sommeil, ou dans l'Extrême-Orient, ouvert à la civilisation européenne. Sages réflexions, si elles avaient été sans arrière-pensée. Pas une nation au monde ne pouvait songer à écraser par la guerre la jeune industrie austro-hongroise. Ce qui pouvait inquiéter, c'étaient les ambitions territoriales de cette politique maritime. Mais Anton von Mörl ne les veut pas « continentales ». Elles seront donc coloniales. Il y aurait encore moyen de s'entendre, si von Mörl précisait. D'autres ont précisé à sa place : ces colonies autrichiennes, ils les souhaitent d'abord sur le pourtour de la Méditerranée. M. Sylvester, président actuel du Reichsrat, le principal homme politique des partis allemands d'Autriche, dans un discours qu'il prononça comme délégué de ces groupes, au printemps de 1911, a revendiqué « la Méditerranée pour ses riverains » (*das Mittelmeer seinen Anrainern*). Et ces riverains il les a nommés. Il n'a pas oublié la France; mais il a oublié l'Angleterre. Si l'on considère que la principale négligence que ce parti maritime reproche à l'Autriche, c'est de n'avoir su tirer parti de la construction du canal de Suez, la conclusion est facile à tirer. L'Egypte est la proie qu'ils guettent; et la proie aussi que leur désignent les pangermanistes d'Allemagne (1). Quoi d'étonnant si l'Angleterre prend ses mesures avant de se la laisser arracher?

IV. — *Une dernière chance de paix : Les formes pacifiques de l'impérialisme autrichien.*

La politique magyare est une politique despotique, parce qu'elle s'inspire de la peur : elle redoute qu'une grande Serbie, une grande Roumanie, une grande Bulgarie venant à surgir dans les Balkans ne réveillent des idées d'indépendance chez les Slaves et chez les Roumains d'Autriche-Hongrie. Cette politique jugulait les Serbes, circonvenait les Rou-

(1) ALBRECHT WIRTH. *Türkei, Österreich, Deutschland*, 1912, p. 40, 41.

mains, surveillait les Bulgares. Alors, parut un grand parlementaire qui retourna les termes du problème et, du coup, si on l'avait écouté, les chances de paix auraient pu être infiniment augmentées, sans qu'il en coûtât aucun sacrifice aux ambitions austro-hongroises. Aurel C. Popovici, Roumain de Bukovine, connaissait les souffrances des peuples foulés par la brutalité magyare. Dans un livre fameux, il proposa d'organiser les « États-Unis d'Autriche » (1). Livre durable entre tous ceux que fit éclore le problème de la rénovation austro-hongroise. Audacieusement et généreusement, il suggère de donner une large autonomie aux quinze nationalités qui composent l'Empire austro-hongrois. Son projet avait de quoi flatter les teutomanes. Popovici proposait d'emprunter la Constitution même de l'Empire d'Allemagne : au centre, un Parlement composé d'un Reichstag et d'une Chambre des seigneurs; un pouvoir exécutif, présidé par un chancelier et dont relèveraient toutes les affaires d'Empire : affaires étrangères, guerre, marine, justice; un code douanier et pénal unique, des finances fédérales. Mais, dans chaque État confédéré, un Parlement librement élu donnerait à cet État la constitution de son choix ratifiée par l'Empire : et à côté du gouverneur impérial, un ministère siégerait, responsable devant ce Parlement.

Immense perspective que celle-là. Pour l'ouvrir, il fallait un coup d'État, mais un coup d'État libérateur. L'Empereur pouvait l'accomplir en une seule nuit. C'eût été la plus grande tentative de despotisme éclairé qu'on eût vue depuis Joseph II; et, avec la réforme intérieure parachevée, elle rendait possible une politique étrangère toute neuve. Si les Roumains et les Slaves du dedans étaient heureux et libres en Autriche-Hongrie, les Roumains et les Slaves du dehors seraient forcément reconnaissants à l'Empire de ce bonheur et de cette liberté accordés à leurs congénères. Ce ne serait plus seulement la paix précaire imposée par un grand Empire

(1) AUREL POPOVICI, *Die Vereinigten Staaten Österreichs*, 1906. Le livre a été interdit en Hongrie, et l'auteur, chassé de sa propre patrie.

aide jeunes royaumes encore en voie de croissance; mais la paix profonde, durable, qui vient de l'amitié. Mieux encore, si les nationalités slaves et roumaines se sentaient mieux à l'aise dans la grande puissance autrichienne, plus d'un État des Balkans serait attiré vers cette vaste fédération libérale que l'Autriche-Hongrie instituerait entre ses propres peuples. Il suffirait de ne plus créer de sphères d'influence autrichiennes aux Balkans; de ne plus songer à des annexions. D'emblée les peuples balkaniques iraient à cette confédération. S'il est vrai que l'Autriche, l'Empire d'Orient (*Oesterreich*), doive choisir entre aller jusqu'au fond de la Turquie, ou disparaître, elle fera cette conquête par l'amitié. La Grèce elle-même ne refusera pas son adhésion à une confédération qui serait un rempart contre la Russie et un foyer de propagande civilisatrice.

Ce plan avait le mérite d'être pacifique. S'il y a une force contre laquelle personne ne puisse rien, c'est celle de l'amitié confiante entre les peuples. Une Autriche-Hongrie qui, dans les plis de son libéralisme impérial, eût apporté la certitude de la paix aux nations balkaniques, les aurait eu toutes pour alliées, et n'aurait trouvé de contradiction auprès d'aucune puissance d'Occident. Une Autriche-Hongrie qui aurait su l'art des longues attentes et le don du lent rayonnement civilisateur, aurait pu trouver à satisfaire son ambition par un tel plan.

On a objecté à Popovici que son fédéralisme intégral ne pouvait sortir en une nuit, par un *fiat* de l'Empereur, du chaos des nationalités austro-hongroises, et l'objection est sérieuse. Mais voici un autre plan; il est du collaborateur éminent de l'*Arbeiterzeitung*, du socialiste de Vienne, Rudolf Springer (de son vrai nom Karl Renner). Ce n'est pas un socialiste sans nuances. Le pasteur impérialiste Naumann insère volontiers ses articles dans *Die Hilfe*.

« Une idée impériale est en l'air, — disait ce théoricien socialiste et démocrate. Ne pourra-t-on la saisir et la retenir?... »

Cette idée est celle d'un Empire où le suffrage univ serait souverain avec l'Empereur; d'un Empire qui serait peuple de peuples, où les plus faibles bénéficieraient con les forts de l'abri créé en commun. Le *fiat*, d'où sortirait cette confédération de nationalités, dont chacune serait considérée comme un tout avec toutes ses enclaves, serait la volonté populaire consultée dans ses comices. Le suffrage universel dissoudrait tous les préjugés nationaux, parce qu'il obligerait tous les libéralismes à s'unir contre tous les conservatismes, par-dessus les limites nationales. Mais il y a une nationalité qui l'emporterait par la culture, ce serait la nationalité allemande, précisément parce qu'elle aurait apporté la *Social-démocratie*.

Avec ces formes mitigées du pangermanisme, la discussion est possible. Sans doute, on objectera que la régénération par le suffrage universel serait aussi lente que la régénération par le coup d'État de Popovici est utopique. Alors on pouvait mettre quelque espoir dans le *néo-libéralisme* autrichien de Richard Charmatz. Pour les néo-libéraux, il s'agissait, avant tout autre réforme, de parachever l'éducation industrielle de l'Autriche-Hongrie; il faudrait, bien entendu, conserver Trieste; mais on exclurait toute politique d'offensive. « Quiconque veut faire de l'Autriche un État industriel doit être le défenseur de la paix » (1). « C'est pourquoi à bas les mains : pas d'intervention aux Balkans! Attendons que nous soyons, nous et les autres, mûrs pour la communauté future ». Ce ne serait pas là une politique d'abdication; et on ne renonce pas à un rêve parce qu'on le sait lointain et qu'on en poursuit la réalisation par la paix. Si les civilisations latine, anglaise, française ou russe se révélaient moins fortes que l'autrichienne dans cette compétition pacifique pour l'organisation industrielle et civilisatrice de l'Orient, elles n'auraient eu qu'à s'en prendre à elles-mêmes. Mais, pour Richard Charmatz, est inadmissible la méthode hongroise qui est celle aussi du trialisme brutal; celle qui

(1) Richard Charmatz. *Deutsch-Österreichische Politik*, 1907, p. 382.

viole les engagements les plus solennellement pris au Congrès de Berlin au sujet de la Bosnie et de l'Herzégovine; qui, à force de menaces, fait peser les crises réitérées depuis 1908 sur toute la Péninsule balkanique, et qui, depuis vingt ans, prétend amener la Serbie à composition tantôt par strangulation lente, tantôt par des mobilisations comminatoires.

Il y a donc eu, en Autriche, des partis disposés à ne tirer sur l'avenir qu'une traite payable à longue échéance. On ne les a pas écoutés. Depuis 1906, depuis l'avènement d'Aerenthal, la brutalité des dirigeants magyars dominait. En Autriche, une littérature nouvelle de nationalisme plastronnant se prodiguait en romans teutomanes et anti-slaves. Une vanité collective poussait le peuple autrichien à écouter ces « professeurs d'énergie ». Toute pensée de sagesse sans doute n'avait pas disparu du conseil des ministres; et c'est ce qui explique que la diplomatie autrichienne, après les premières bévues du comte Berchtold, ait semblé un moment revenir à résipiscence. Mais la diplomatie allemande, qui n'avait pas approuvé les teutomanes bismarckiens d'Autriche, a toujours pleinement approuvé la politique magyare. Probablement, elle la jugeait assez forte pour aboutir. Il ne pouvait naître de cette collaboration que des probabilités multipliées de guerre. Et si la guerre éclatait, des conflits vitaux pour le germanisme allaient s'engager sur la frontière du bas Danube. Cela seul suffisait à amener l'intervention allemande. Toute guerre qui amenait l'Autriche aux portes de Salonique était un accroissement pour le germanisme autrichien seul et non pour l'Empire allemand. Le centre de l'activité germanique continentale se déplaçait de Berlin sur Vienne. Éventualité inadmissible pour l'orgueil allemand. Albrecht Wirth exprimait là-dessus un sentiment profond :

« Il faut que l'Autriche s'accroisse, parce qu'autrement elle sera dépassée par l'Italie. Elle s'accroîtra parce que la désagrégation des États balkaniques de l'Orient ne lui laisse pas d'autre choix. Comme pangermaniste, on peut se réjouir de cette expansion de notre langue et de cette influence possible de nos congénères a mands vers le Sud. Comme Allemand de l'Empire, on ne peut assister qu'avec des sentiments mêlés à cet accroissement d'une autre puissance territoriale. Nous resterions encore une fois réduits à des progrès purement industriels et commerciaux.... Les Habsbourg à nouveau dépasseraient les Hohenzollern » (1).

Or, les Hohenzollern ne pouvaient consentir à se laisser dépasser par les Habsbourg. Dans la curée prochaine, il leur fallait leur part.

Comme l'Autriche-Hongrie ne renonçait pas à l'erreur du « continentalisme » et à son factice besoin d'étendre sur de nouvelles nationalités balkaniques sa domination oppressive, elle allait s'agrandir territorialement à coup sûr. Du moins l'Allemagne le pensait, et l'Allemagne aussi tenait à grandir. La peur de la croissance italienne hâtait encore son impatience. Voilà ce qui a dû précipiter les résolutions fatales. « Le triomphe de la Grande Allemagne, qui doit un jour dominer l'Europe entière, c'est là le but unique de la lutte que nous soutenons » (2). Ce sont les paroles d'un ordre du jour récent du *Kaiser* à ses troupes. L'arrière-pensée que l'on aurait dû deviner, dès les premières démarches du *Neuer Kurs*, s'étale ainsi au grand jour. Il ne faudra plus l'oublier.

(1) ALBRECHT WIRTH. *Türkei, Österreich, Deutschland*, p. 49.

(2) Ordre du jour trouvé en possession des prisonniers allemands faits sur la Bzoura au mois de juin 1915 (reproduit d'après la *Gazette de Pétrograd*, dans l'*Information* du 20 juin 1915).

76663. — Imprimerie LAHURE, rue de Fleurus, 9, à Paris.

www.ingramcontent.com/pod-product-compliance
Ingram Content Group UK Ltd.
Pitfield, Milton Keynes, MK11 3LW, UK
UKHW012245240726
13966UKWH00004B/1304

9 782012 856219